Cuaderno de DISEÑO de Moda

PLANTILLAS DE FIGURAS PARA ADOLESCENTES

De Principiante a Avanzado

Niky Jadesson

© Copyright 2025 - Niky Jadesson
Todos los derechos reservados.

Ninguna parte de este libro puede reproducirse, almacenarse en un sistema de recuperación ni transmitirse de ninguna forma ni por ningún medio —electrónico, mecánico, fotocopia, grabación u otro— sin la previa autorización escrita del autor o del editor.

Aviso Legal:

Esta publicación está protegida por las leyes de derechos de autor. Está destinada únicamente para uso personal, educativo y no comercial. Copiar, modificar, vender o distribuir cualquier parte de este libro sin consentimiento por escrito está estrictamente prohibido.

Descargo de Responsabilidad:

Este cuaderno de bocetos ha sido creado con fines educativos y de aprendizaje creativo. Aunque se ha hecho todo lo posible por ofrecer material preciso e inspirador, el autor y el editor no garantizan resultados ni logros específicos. El contenido está diseñado para estudiantes y jóvenes creativos interesados en la ilustración y el diseño de moda.

El autor y el editor declinan toda responsabilidad derivada del uso de este libro.

¡Gracias por respetar los derechos del creador!

bienvenida

Página de Dedicación

A cada joven soñador que cree
que la moda es un arte de autoexpresión,

Este libro fue hecho para ti: para explorar, practicar y
crear con confianza.

Que cada página te recuerde que tu imaginación es
poderosa y tus ideas importan.

Sigue dibujando, sigue soñando y nunca dejes de creer
en tu estilo único.

Con creatividad y corazón,

Niky Jadesson

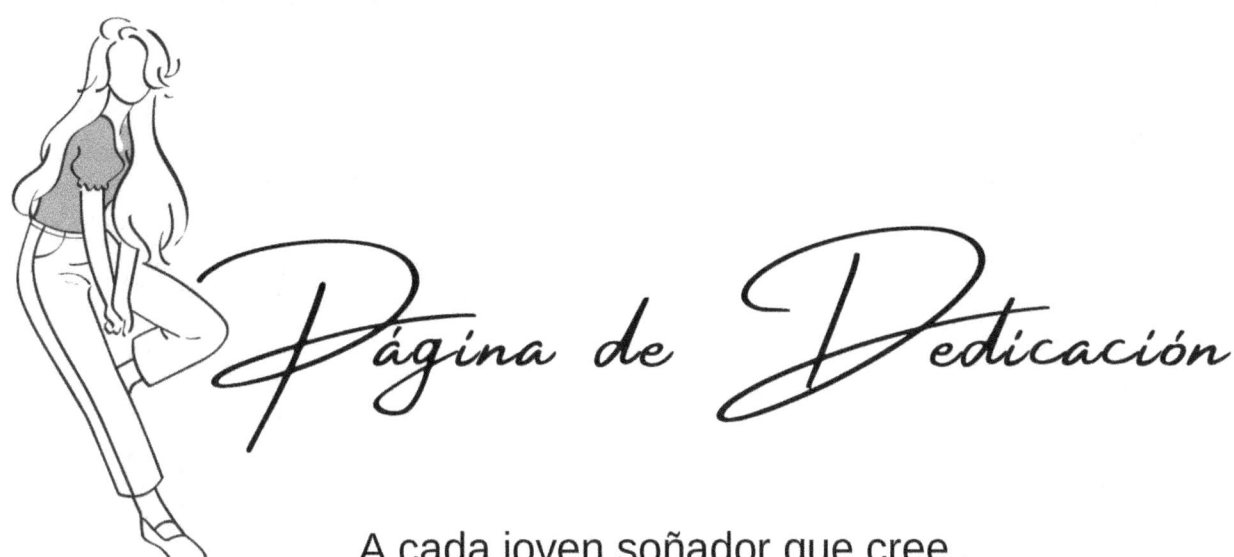

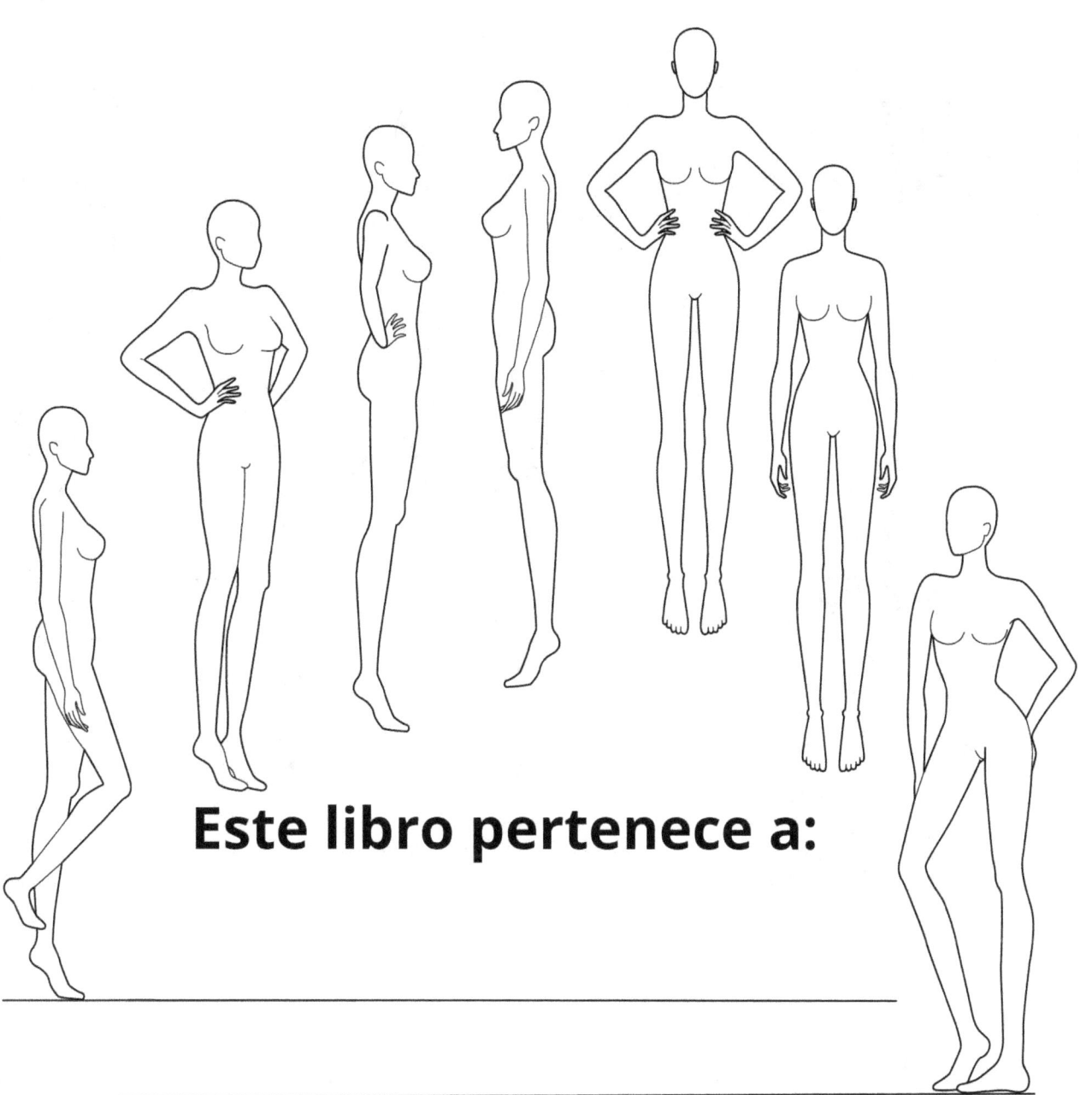

Este libro pertenece a:

(tu nombre)

Niky Jadesson

¡Gracias!
(introducción)

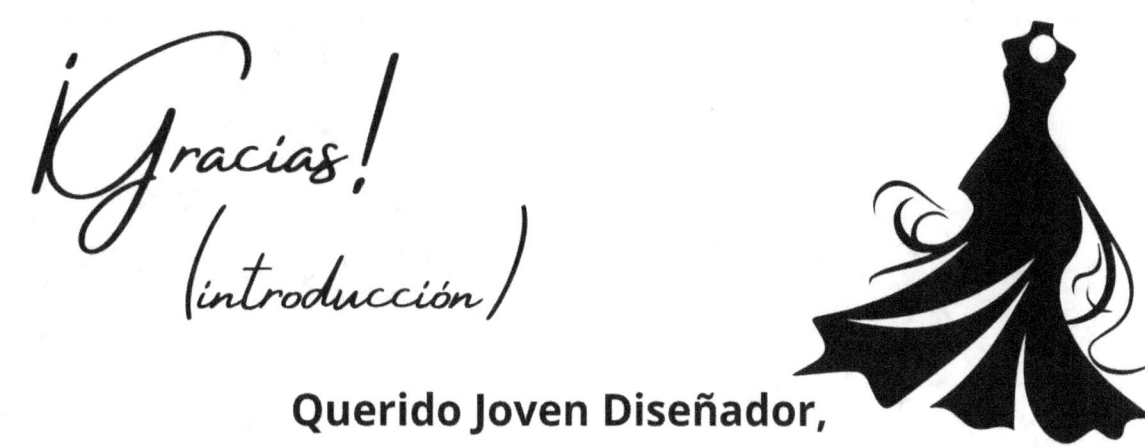

Querido Joven Diseñador,

Gracias por elegir este cuaderno de bocetos y por comenzar tu viaje creativo.

Espero que te inspire a explorar la moda, dibujar con valentía y divertirte aprendiendo nuevas ideas. Cada página es tu espacio para experimentar, practicar y expresar tu estilo personal.

Si deseas mantenerte al tanto de futuros libros o compartir tus comentarios, me encantaría saber de ti.

Solo busca "**Niky Jadesson Books**" en línea.

Tu apoyo significa mucho. Si este libro te resulta útil, dejar una breve reseña ayuda a que otros lo descubran y apoya la publicación independiente.

Con gratitud,

Autógrafo / Firmado con cariño

Querido/a _____,

Este cuaderno de bocetos es para ti: para diseñar, imaginar y expresar tu visión única.

Recuerda: cada línea que dibujas te acerca un paso más a convertirte en un verdadero diseñador de moda.

Con todo mi corazón,

_____
(Firma)

Fecha: _____

Tabla de Contenidos

Parte I – Páginas Introductorias

1. Página de Título 1
2. Página de Derechos de Autor 2
3. Página de Dedicación 3
4. Páginas para Colorear (Insertos Creativos) 4, 6, 8, 10, 14, 16, 34, 144, 146
5. Este libro pertenece a 5
6. ¡Gracias! (Mensaje de Introducción) 7
7. Autógrafo / Firmado con Amor 9
8. Tabla de Contenidos 11–12
9. ¡Bienvenida! 13
10. Prefacio de la Autora 15
11. Cómo Usar Este Cuaderno de Bocetos 17
12. Mis Metas e Inspiraciones 18
13. Herramientas y Materiales para el Boceto de Moda Juvenil 19
14. Consejos para Empezar 20

Parte II – Educación y Fundamentos 21

15. Breve Historia de la Moda Juvenil – De los Estilos Clásicos a las Vibras Modernas .22
16. Siluetas y Formas Corporales Juveniles – Encontrando Tu Estilo 23
17. Teoría del Color en la Moda Juvenil – ¡Exprésate! 24
18. Tejidos y Texturas – Cómo Cobra Vida la Ropa 25
19. Herramientas de Boceto de Moda – Tradicionales y Digitales 26
20. Paso a Paso: Conjunto Casual Diario (Estilo Cotidiano) 27
21. Paso a Paso: Look de Fiesta o de Noche 28
22. Errores Comunes de Diseño (y Cómo Evitarlos) 29
23. Consejos y Trucos para Jóvenes Diseñadores 30
24. Guía Paso a Paso de Este Cuaderno 31
25. Fundamentos del Boceto de Moda – Paso a Paso 32
26. Look de Moda Diario Fácil y Rápido 33

Tabla de Contenidos

Parte III – Cuaderno y Práctica 35
 27. Guía de Práctica de Moda y Notas 36, 44,
51, 58, 65, 72, 80, 87, 94, 101, 108, 116
 28. Inspiración de Atuendos: Streetwear 37, 45,
52, 59, 66, 73, 81, 88, 95, 102, 109, 117
 29. Plantillas de Cuerpo – Siluetas Juveniles (Vista Frontal, Posterior y Lateral) 38–41,
46–48, 53–55, 60–62, 67–69, 74–77, 82–84, 89–91, 96–98, 103–105, 110–113, 118–120,
123–130
 30. Tus Notas y Fotos de Inspiración 42, 49,
56, 63, 70, 78, 85, 92, 99, 106, 114, 121
 31. Inspiración de Atuendos: Escuela, Fin de Semana y Estilos de Tendencia 43, 50,
57, 64, 71, 79, 86, 93, 100, 107, 115, 122

 ⭐ **Nota**: Las plantillas de cuerpo – siluetas juveniles y las páginas de práctica se repiten intencionalmente para fomentar la confianza, la creatividad y el desarrollo de un estilo consistente.

Parte IV – Cierre y Extras 131
 32. Plantillas de Cuerpo – Siluetas Juveniles (Vista Frontal, Posterior y Lateral) 132
 33. Ejercicios Creativos 133–140
 34. Lista de Verificación para Jóvenes Diseñadores 141
 35. Mis Telas y Marcas Favoritas – Notas y Muestras 142
 36. Mi Diario Personal de Moda 143
 37. ¡Felicidades! ¡Lo Lograste! 145
 38. ¡Gracias! (Mensaje Final) 147
 39. ¡Gracias por Elegir Este Libro! 148
 40. Sobre la Autora 149
 41. Mini Glosario de Términos de Moda (para Jóvenes) 150
 42. Diploma de Finalización – Cuaderno de Diseño de Moda – Edición Juvenil 151

¡Bienvenido!

¡Hola, alma creativa! Bienvenido a tu mundo de la moda.

La moda no trata solo de ropa o tendencias, trata de ti: de cómo expresas quién eres, qué te inspira y la confianza que transmites.

Cada boceto que dibujas cuenta una historia, y cada diseño que imaginas da vida a tu personalidad.

Este cuaderno de bocetos fue creado para ayudarte a explorar, experimentar y crecer como joven diseñador(a).

Tómate tu tiempo, juega con formas, telas y colores, y sobre todo — ¡disfruta del proceso!

Tanto si eres principiante como si ya estás construyendo tu propio estilo, este es tu espacio seguro para soñar en grande y dibujar con libertad.

Estamos encantados de formar parte de tu viaje creativo.

*¡Toma tu lápiz —
tu historia de moda comienza aquí!*

¡Feliz diseño!

Niky Jadesson

Prefacio del Autor

Querido lector,

¡Bienvenido a la edición para adolescentes del Cuaderno de Diseño de Moda!

Este libro fue creado para inspirar tu imaginación y guiar tu creatividad, tanto si sueñas con ser diseñador(a) como si simplemente te encanta expresarte a través del arte.

Dentro encontrarás tanto estructura como libertad:
- **Estructura** – páginas que te enseñan sobre siluetas, telas y técnicas de dibujo.
- **Libertad** – plantillas, ideas de conjuntos y ejercicios creativos que dejan brillar tu personalidad.

La moda trata de confianza: es tu voz sin palabras.

A través de cada boceto, espero que aprendas a confiar en tu estilo y descubras qué hace única tu visión.

Así que no te preocupes por las líneas "perfectas".

Lo más importante es que sigas creando, explorando y divirtiéndote.

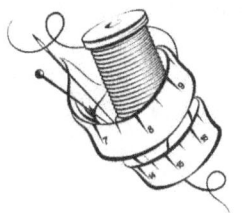

Con pasión y gratitud,

Niky Jadesson

Cómo usar este cuaderno de bocetos

Este cuaderno es tu espacio creativo: una mezcla de aprendizaje, práctica y sueños.

Aquí tienes cómo aprovecharlo al máximo:

- **Experimenta libremente** – Prueba diferentes ideas de conjuntos, siluetas y colores. No temas cometer errores: ¡son parte del aprendizaje!
- **Toma notas** – Escribe tus ideas, tendencias que te gusten o telas que te inspiren.
- **Usa las plantillas** – Las figuras juveniles te ayudan a visualizar proporciones reales y diseñar conjuntos equilibrados.
- **Agrega inspiración** – Pega recortes de revistas, fotos o muestras de tela en las páginas de notas.
- **Compara y mejora** – Redibuja diseños antiguos para ver cuánto has progresado.
- **Crea colecciones** – Diseña conjuntos temáticos (streetwear, looks escolares, fiestas).

Ya sea que dibujes por diversión o planees un futuro en la moda, este libro es tu estudio: un lugar donde la creatividad y la confianza se unen.

Mis metas e inspiraciones

El diseño de moda es más que dibujar ropa: es expresar tu estado de ánimo, estilo de vida e imaginación.

Usa esta página para reflexionar sobre lo que más te inspira y hacia dónde quieres llevar tu creatividad.

Pregúntate:
- ¿Qué tipo de moda me gusta más? (streetwear, looks de fiesta, Y2K, minimalista, sporty-chic)
- ¿Quién me inspira? (diseñadores, influencers, artistas o amigos)
- ¿Qué emociones quiero que transmitan mis diseños? (confianza, alegría, libertad, poder)

Escríbelo aquí:
- Mis metas de diseño: ....
- Mis mayores inspiraciones: ....
- Telas o colores que quiero explorar: ....
- Habilidades que quiero mejorar: ....

Consejo: *Vuelve a esta página cada pocos meses; te sorprenderá ver cómo evoluciona tu visión con el tiempo.*

Herramientas y materiales
para dibujo de moda juvenil

No necesitas herramientas caras para ser creativo: solo curiosidad y algunos básicos.

- **Lápices** – Usa HB para contornos, 2B–6B para sombrear y dar volumen.
- **Rotuladores finos** – Para contornos precisos o pequeños detalles.
- **Marcadores y lápices de color** – Dan vida y textura a tus diseños. Prueba mezclas en tonos pastel o neón para looks modernos.
- **Regla y curvas** – Ideales para faldas, chaquetas y detalles definidos.
- **Herramientas digitales** – Si te gusta la tecnología, prueba apps como Procreate o Sketchbook.
- **Muestras de tela** – Tocar materiales reales te ayuda a imaginar cómo se moverá tu diseño.

Recuerda: la magia no está en la herramienta, sino en cómo la usas para contar tu historia.

Consejos
para comenzar

Empezar algo nuevo puede dar miedo, ¡pero todo gran diseñador empezó con una hoja en blanco!

- **Manténlo simple** – Empieza con prendas básicas: camisetas, vaqueros o vestidos sencillos.
- **Observa y aprende** – Fíjate cómo las prendas reales se ajustan y se mueven.
- **Juega con las formas** – Prueba siluetas: oversize, cropped, acampanada, ajustada.
- **Experimenta con el color** – Mezcla tonos que representen tu vibra: pasteles suaves, fríos o colores vivos.
- **Confía en ti** – No te preocupes por dibujos "perfectos". Tu estilo crecerá con cada página.

Cada boceto es progreso. Cada error enseña algo nuevo.
Cuanto más dibujas, más brillas a través de tus diseños.

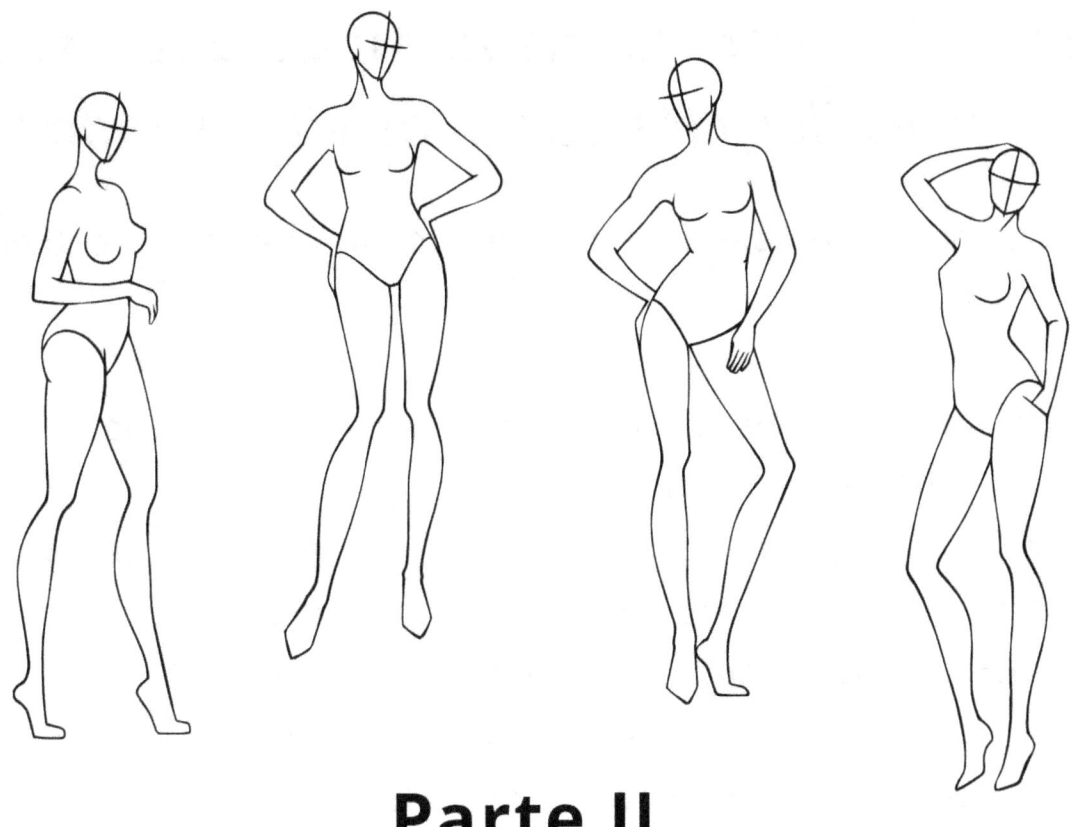

Parte II
- Educación y fundamentos

Esta sección te presenta las bases del diseño de moda: los elementos que ayudan a que cada idea tome forma.

Aquí descubrirás cómo ha evolucionado la moda, cómo las siluetas y las telas crean estilos, y cómo el color puede transformar un diseño.

Lee, aprende y, sobre todo, ¡aplícalo cuando empieces a crear tus propios conjuntos!

Una breve historia de la moda adolescente
- *De los estilos clásicos a las vibras modernas*

La moda juvenil siempre ha tratado de libertad, creatividad e identidad.

Cada generación ha reinventado lo que significa "tener estilo".

- **Años 50 – Comienzos retro**

Faldas amplias, cárdigans y peinados cuidados. Los adolescentes empezaron a influir en la moda.

- **Años 70–80 – Años de rebelión**

Rock, punk y disco. Cazadoras de cuero, vaqueros, estampados atrevidos: la moda como forma de diversión y protesta.

- **Años 90–2000 – Casual y cool**

Streetwear, pantalones anchos, crop tops, sudaderas y zapatillas. Comodidad con actitud.

- **Hoy – Libertad creativa**

Moda moderna que mezcla todo: piezas vintage, looks neutros o Y2K, cortes amplios y opciones sostenibles.

Lo mejor: ya no hay reglas fijas. La moda es ser tú.

Siluetas y formas corporales juveniles
- Encuentra tu estilo

Todo conjunto comienza con una silueta: la forma que define el movimiento y el ánimo del diseño.

- **Corte holgado** – Suelto y cómodo. Ideal para hoodies, camisetas o looks street.
- **Ajustado** – Resalta la figura. Perfecto para vestidos o chaquetas entalladas.
- **En A** – Ligeramente acampanado; divertido y favorecedor para faldas y vestidos.
- **Por capas** – Combina prendas oversize con otras ajustadas. ¡Agrega personalidad!

Tip: No te obsesiones con las proporciones perfectas; solo guíate por ellas. Lo que más importa es cómo se siente tu diseño.

Teoría del color en la moda juvenil
- ¡Exprésate!

El color da vida a un diseño y comunica quién eres antes de decir una palabra.

- **Tonos cálidos vs. fríos**

Cálidos (rojos, amarillos, corales) = energía y diversión.

Fríos (azules, verdes, lilas) = calma y seguridad.

- **Contraste y equilibrio**

¡Los opuestos se atraen! Prueba blanco y negro o rosa con turquesa.

Tonos suaves (pasteles o neutros) transmiten serenidad y estilo.

- **Inspiración estacional**
    - *Primavera*: pasteles y tonos claros.
    - *Verano*: colores vivos y alegres.
    - *Otoño:* tonos cálidos y terrosos.
    - *Invierno:* contrastes oscuros y toques brillantes.
- **Tu paleta personal**

Piensa en los colores que te representan. Mezcla, prueba y encuentra tu vibra únic

Telas y texturas
- *Cómo la ropa cobra vida*

La tela cambia completamente cómo se siente y se mueve un diseño.

- **Algodón y jersey** – Suaves y transpirables. Perfectos para looks diarios.
- **Denim** – Resistente y atemporal. Ideal para chaquetas o vaqueros.
- **Satén y seda** – Brillantes y elegantes. Perfectos para conjuntos formales.
- **Punto y felpa** – Cómodos para piezas casuales o deportivas.
- **Cuero y cuero sintético** – Aportan carácter y fuerza al look.

Ejercicio: Dibuja el mismo conjunto dos veces: una en denim y otra en satén. Observa cómo cambia por completo el estilo.

Herramientas para dibujo de moda
- Tradicionales y digitales

Las herramientas adecuadas hacen que dibujar sea divertido y den vida a tus ideas.

- **Lápices** – Para contornos rápidos y sombreado.
- **Marcadores** – Perfectos para probar colores o resaltar detalles.
- **Lápices de color** – Añaden suavidad y degradados.
- **Rotuladores finos** – Para definir contornos y patrones.
- **Acuarelas** – Dan movimiento y un toque artístico.
- **Herramientas digitales** – Tabletas o apps (como Procreate o Ibis Paint) te permiten probar colores infinitos y corregir fácilmente.

Recuerda: *No esperes las herramientas perfectas. La creatividad vale más que el equipo.*

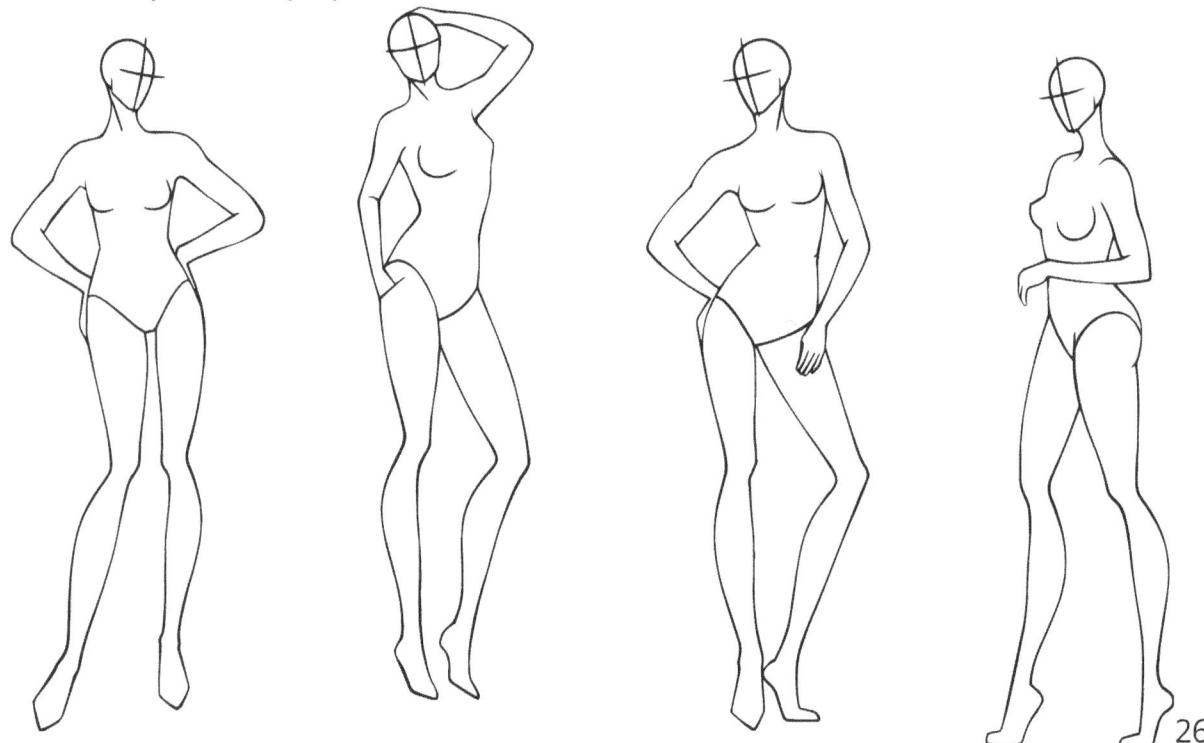

Paso a paso:
Look casual de día (estilo diario)

La moda del día a día combina comodidad y personalidad.

- Dibuja primero la silueta base: relajada o ligeramente ajustada.
- Añade las prendas principales: camiseta, top corto o sudadera.
- Elige la parte inferior: vaqueros, shorts o falda fluida.
- Agrega accesorios: mochila, zapatillas o joyería ligera.
- Juega con los colores: neutros con un tono llamativo.

Consejo: *Un gran look casual parece sencillo, pero transmite confianza.*

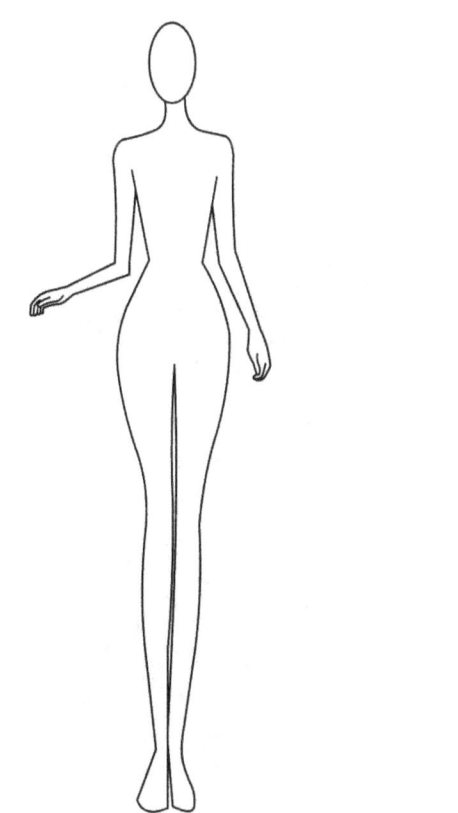

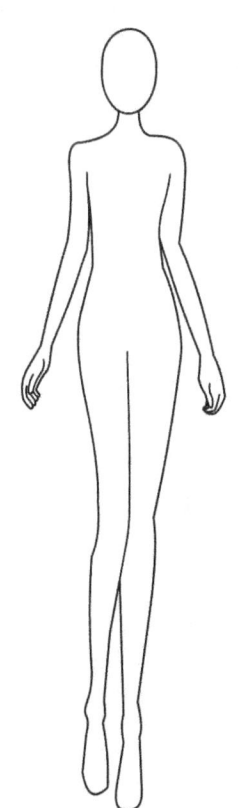

Paso a paso:
Look de fiesta o de noche

¡Es hora de brillar!

Diseñar ropa de fiesta trata de expresar confianza y creatividad.
- Elige la silueta: ¿ajustada, acampanada o fluida?
- Selecciona las telas: satén, lentejuelas, tul — ¡todo lo que destaque!
- Agrega detalles llamativos: volantes, brillos, hombros descubiertos o mangas con volumen.
- Elige los colores: metálicos, tonos joya o matices profundos quedan geniales.
- Dale el toque final: accesorios como tacones, bolsos o chokers completan el conjunto.

Tu objetivo: *crear un look especial, uno que celebre tu vibra y estilo único.*

Errores comunes de diseño
(y cómo evitarlos)

¡Incluso los profesionales los cometen! Aprende temprano y evita frustraciones:

- **Demasiados detalles** – A veces, menos es más. Elige un punto focal.
- **Ignorar el movimiento** – Imagina siempre cómo fluirá la tela al usarse.
- **Exceso de color** – Equilibra los tonos fuertes con neutros.
- **Desproporción** – Mantén equilibrio entre la parte superior e inferior.
- **Copiar tendencias sin pensar** – Usa la inspiración, pero añade tu toque personal.

Recuerda: cada error es una lección creativa que te ayuda a crecer más rápido.

Consejos y trucos
para jóvenes diseñadores

- Dibuja muchas versiones de una misma idea — así nacen las colecciones reales.
- Crea conjuntos combinables: que cada prenda funcione en varios looks.
- Mantén un pequeño moodboard de moda — fotos, frases, telas o colores que te inspiren.
- Estudia proporciones y movimiento de las telas: la ropa debe "vivir".
- No te compares con otros estilos — desarrolla el tuyo paso a paso.

El diseño no se trata de perfección, sino de contar una historia a través de la ropa.

Guía paso a paso
para usar este cuaderno de bocetos

Este cuaderno es más que páginas en blanco: es tu diario creativo.

Aquí tienes cómo aprovecharlo al máximo:

- **Practica**: Empieza con las plantillas. Enfócate en ganar confianza, no en ser perfecto.
- **Experimenta**: Prueba paletas de color, telas y texturas nuevas.
- **Documenta**: Usa las páginas de notas para reflexiones o para pegar inspiraciones.
- **Crea colecciones**: Diseña conjuntos temáticos — de escuela, calle, fiesta, etc.
- **Evalúa**: Compara tus dibujos antiguos con los nuevos para ver tu evolución.

Al llegar a la última página, no solo tendrás diseños: tendrás tu propia historia de crecimiento en la moda.

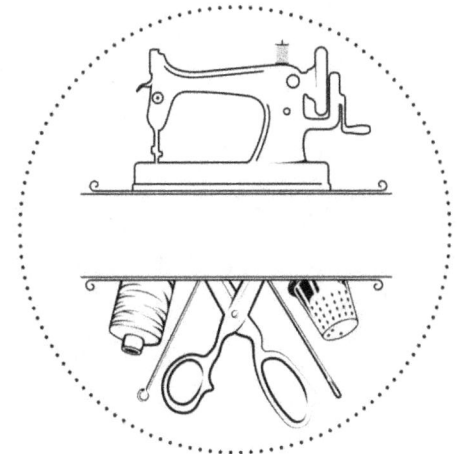

Fundamentos del dibujo de moda
- *Paso a paso*

Aprender a dibujar moda se trata de práctica constante.
Sigue este proceso simple:

- **Paso 1:** Dibuja un contorno ligero de la silueta juvenil (vista frontal).
- **Paso 2:** Agrega las formas básicas de las prendas (sudadera, falda, pantalones, vestido).
- **Paso 3:** Incluye los detalles: costuras, botones, cuellos, estampados.
- **Paso 4:** Usa las líneas para mostrar el tipo de tela (suave o estructurada).
- **Paso 5:** Añade sombras y color.
- **Paso 6:** Marca las líneas finales y agrega notas si lo necesitas.

Mini reto:

Dibuja un conjunto para un "fin de semana relajado" y otro para un "evento especial". Observa cómo pequeños cambios (color, textura) transforman completamente el ambiente del look.

Look de moda diaria fácil y rápido

¡Hora de ponerlo en práctica!

Cinco pasos sencillos:

1. Dibuja una pose casual.
2. Añade ropa cómoda — camiseta, jeans o sudadera.
3. Incluye algunos accesorios — bolso, calzado o joyas.
4. Elige tu paleta de colores (neutros + un toque brillante).
5. Agrega sombras y texturas para dar vida al diseño.

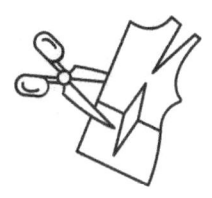

Nota de estilo: Los looks cotidianos son ideales para practicar proporciones, movimiento y equilibrio.

Reflexiona:

- ¿Qué conjunto usarías todos los días si pudieras?
- ¿Qué combinación de colores se siente más "tú"?

Usa este espacio para dibujar tu idea — ¡diviértete y no pienses demasiado!

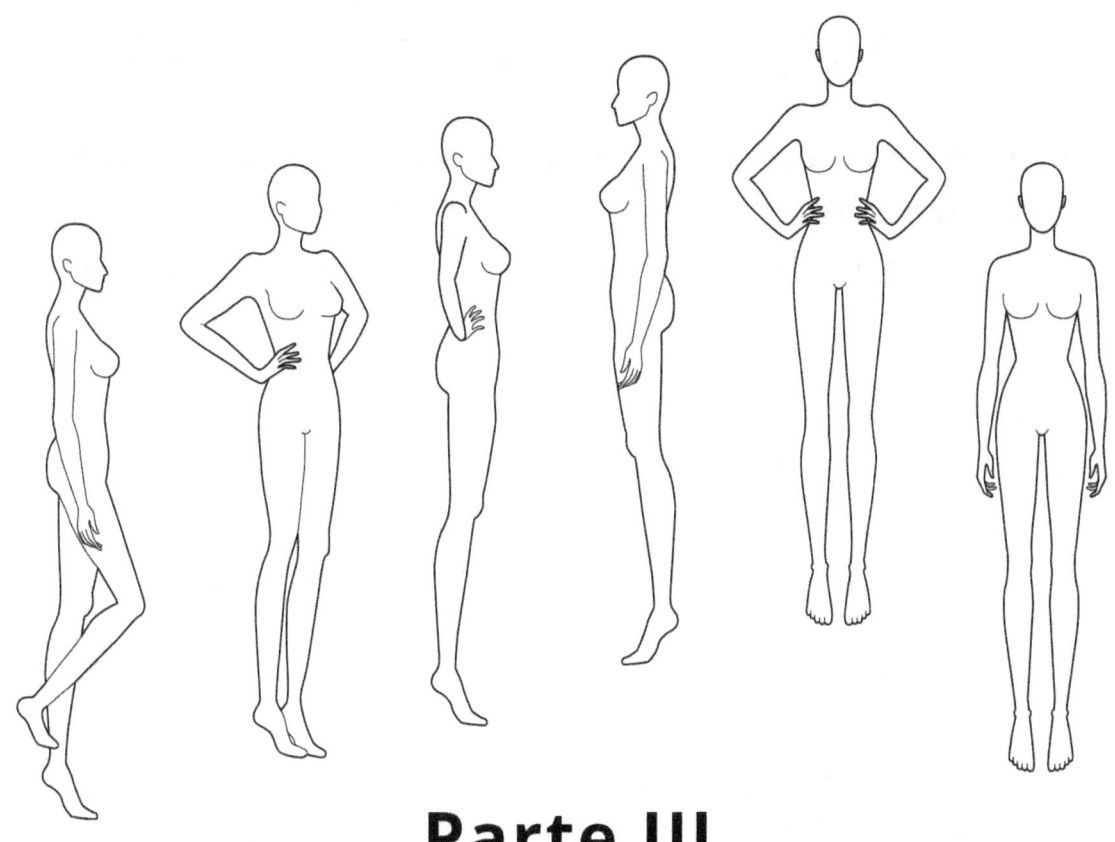

Parte III
- Cuaderno de bocetos y práctica

Aquí es donde tu creatividad realmente despega.

Ya has aprendido lo básico: ahora es momento de explorar, dibujar y crear tu propio universo de moda.

Estas páginas son tu terreno de juego: experimenta, colorea, equivócate y, sobre todo, ¡diviértete!

Guía de práctica de moda y notas

El diseño de moda se trata de explorar, no de ser perfecto. Usa esta página para probar algo atrevido, incluso si está fuera de tu zona de confort. Los errores forman parte del crecimiento, y cada boceto te enseña algo nuevo.

Cómo usar esta página:
- Experimenta con proporciones que normalmente no dibujas.
- Añade capas para ver cómo interactúan las telas.
- Usa las notas para describir el movimiento o el flujo del conjunto.

Reflexión y notas:
- ¿Qué técnica nueva probé hoy?
- ¿El diseño se sintió equilibrado?
- ¿Qué detalle podría mejorar en el próximo boceto?

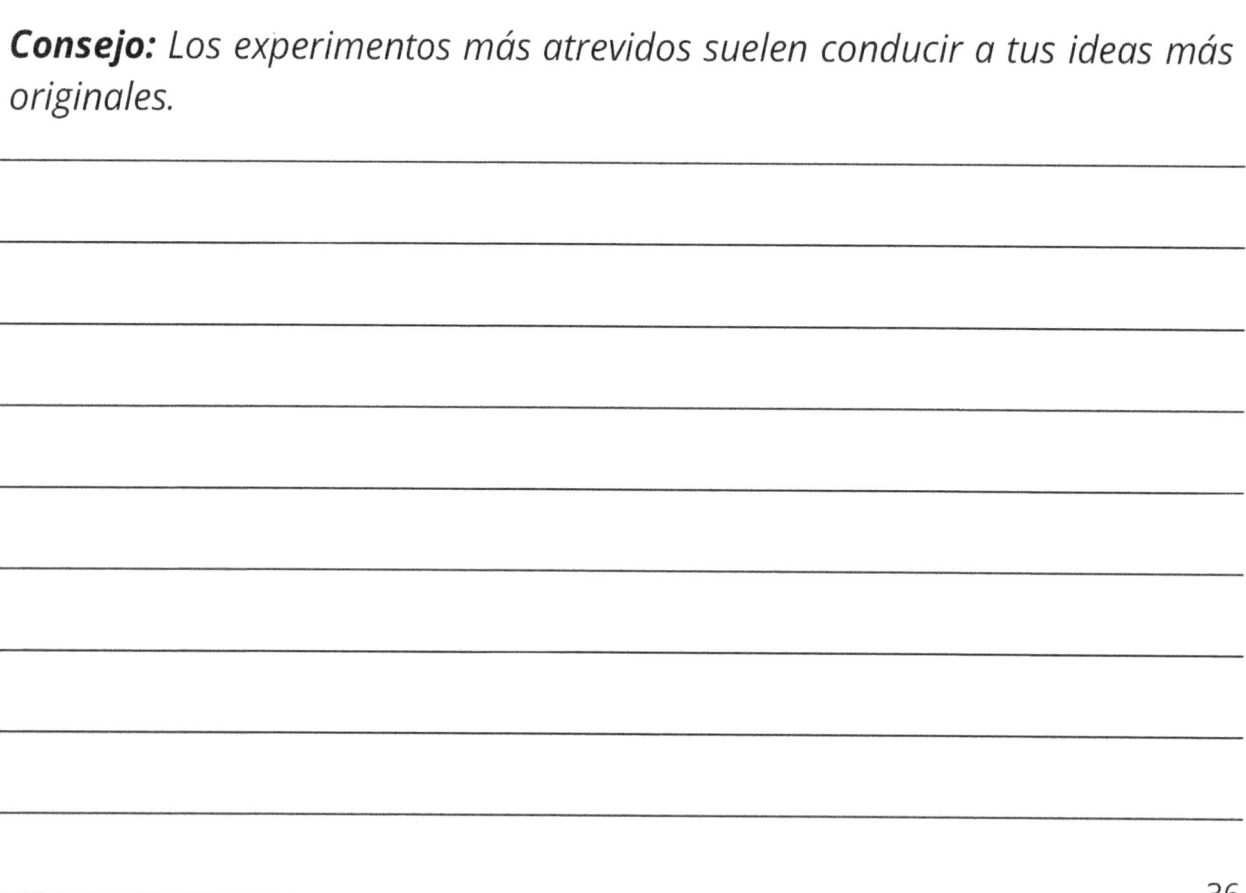

Consejo: *Los experimentos más atrevidos suelen conducir a tus ideas más originales.*

_____

_____

_____

_____

_____

_____

_____

Inspiración de Atuendos: Streetwear

El poder de las capas

El streetwear trata de superponer — es divertido, creativo y te da infinitas combinaciones. Comienza con una base relajada como una camiseta corta o sin mangas, y añade capas: sudaderas amplias, chaquetas de mezclilla o camisas de franela.

Prueba atar una capa a la cintura o usar una sudadera con capucha debajo de un abrigo largo. Cada prenda cambia por completo la vibra del look.

Juega con los contrastes: telas suaves debajo de piezas estructuradas, o mezcla estampados llamativos con tonos neutros.

Las capas no son solo estilo — también son prácticas, perfectas para el clima cambiante o los estados de ánimo.

Prueba esto: Dibuja un conjunto empezando con una camiseta básica y pantalones cargo, luego añade una sudadera con cremallera, una chaqueta oversize y zapatillas. Observa cómo cada capa extra añade personalidad.

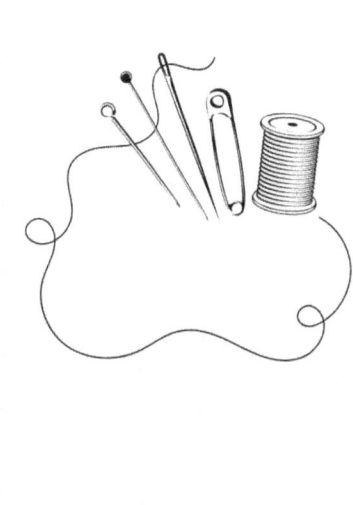

Tendencias

_____

_____

Inspiración

_____

_____

Textiles

_____

_____

Notas

_____

_____

Detalles

Muestras

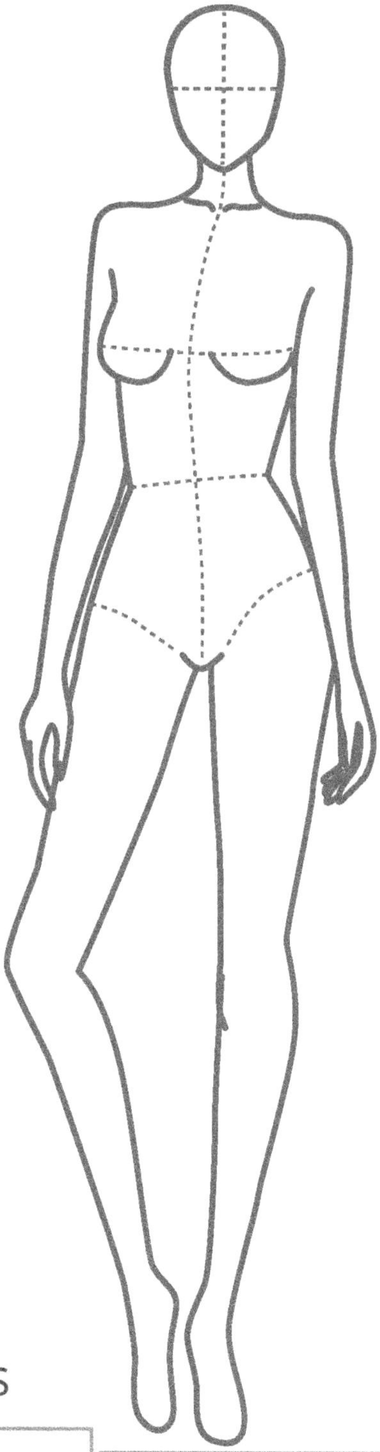

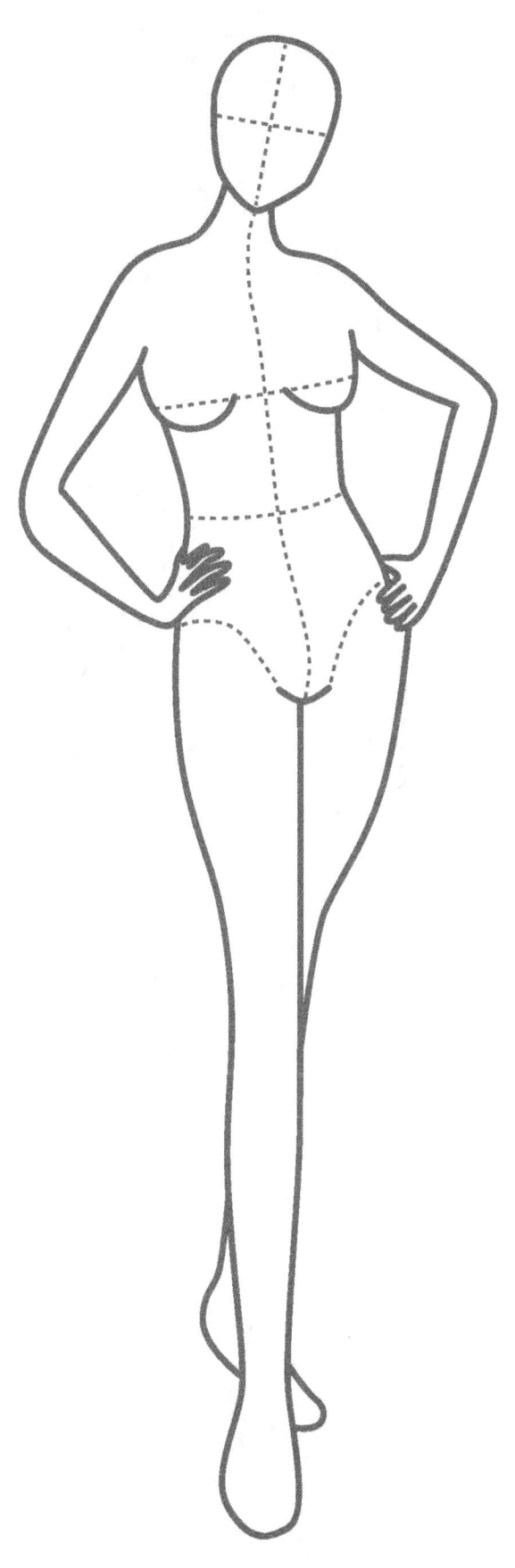
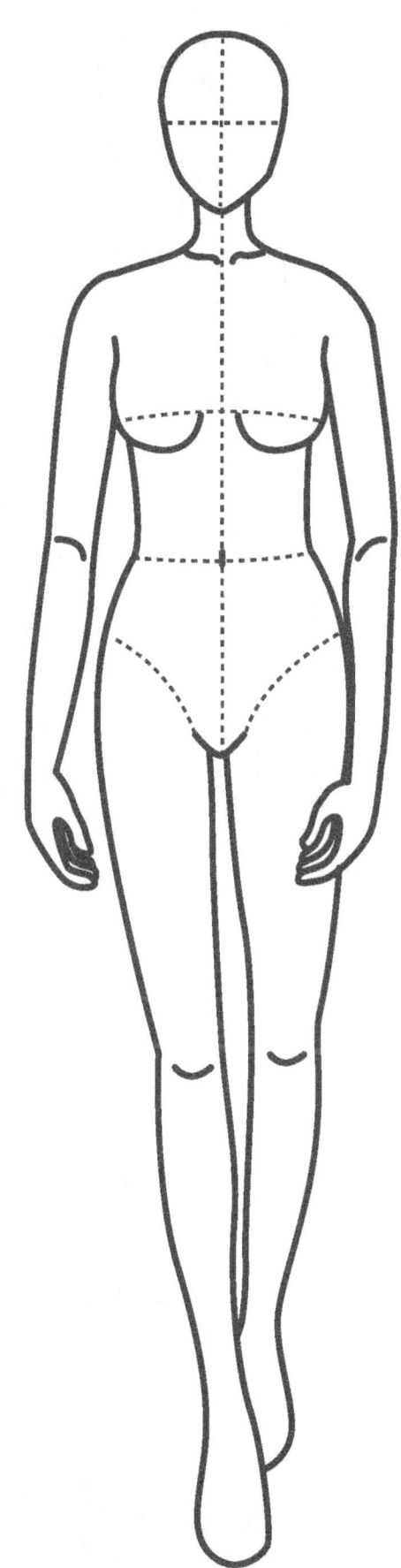

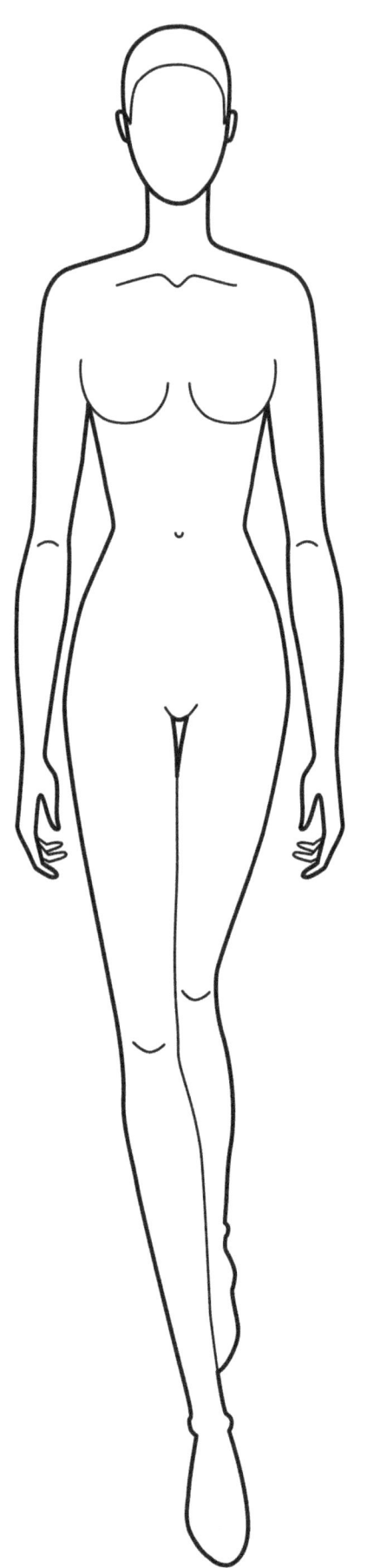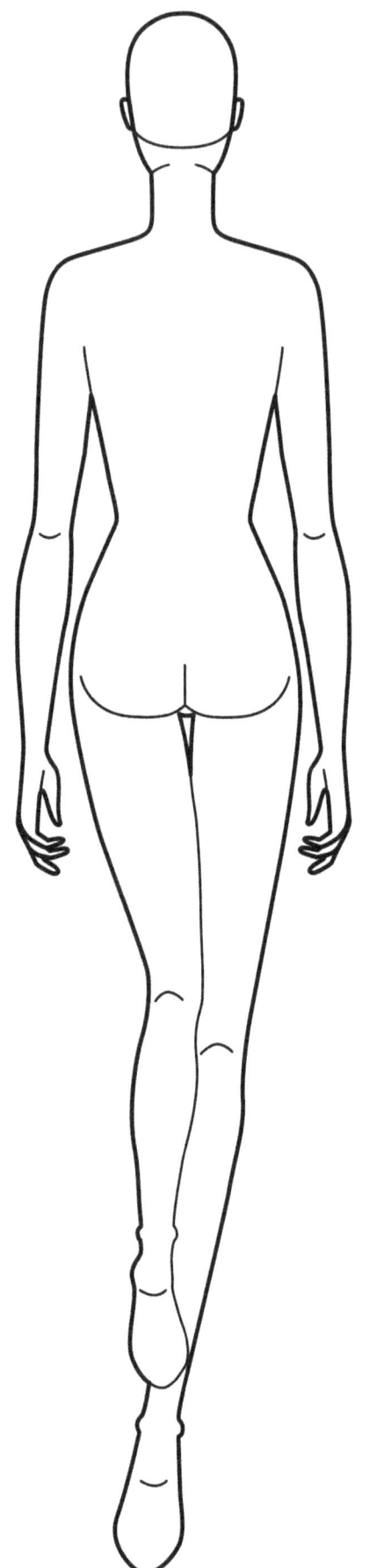

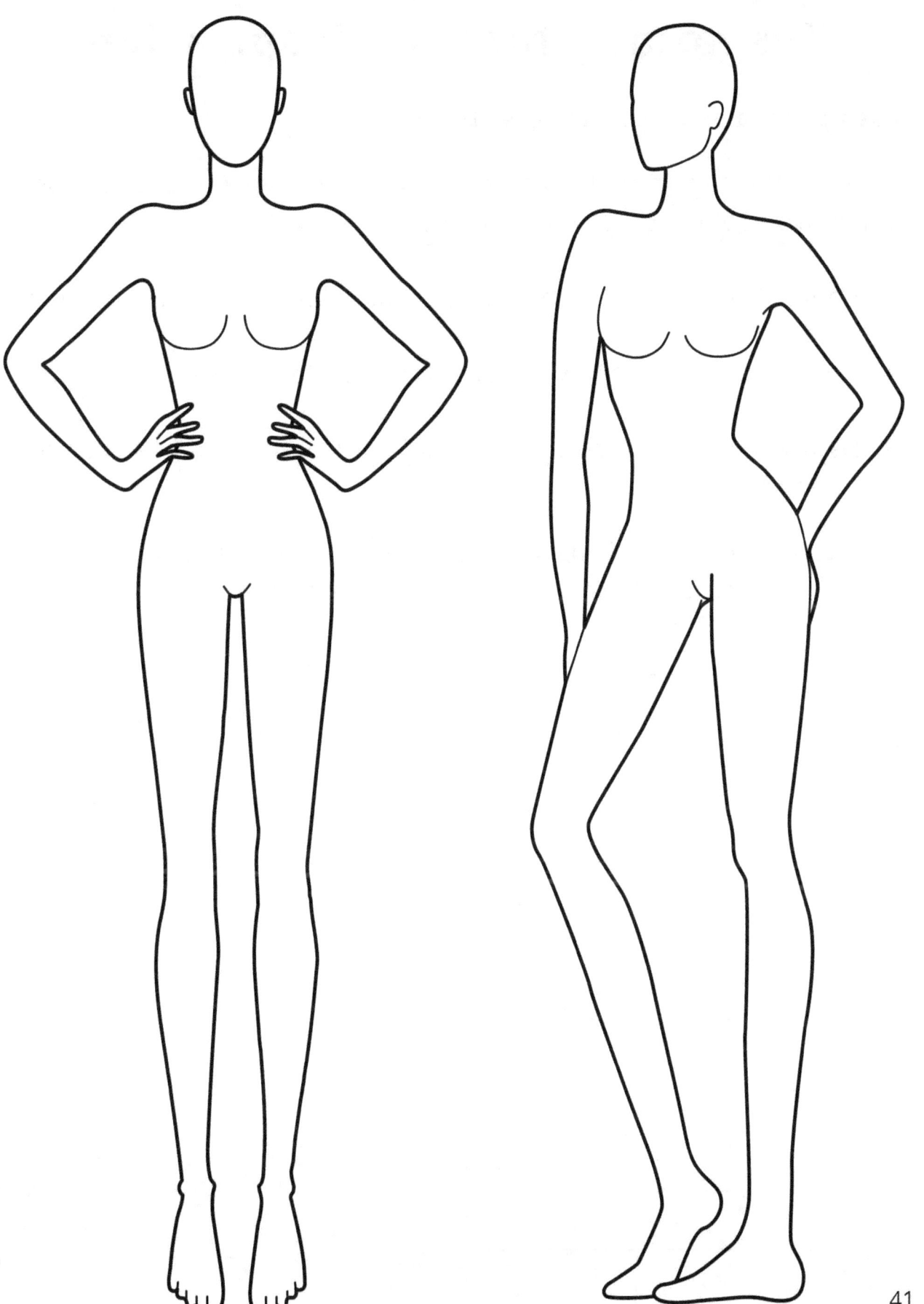

Tus notas y fotos de inspiración

Esta página es tu galería creativa!

Úsala para seguir tu progreso, capturar tus diseños favoritos y reflexionar sobre tu camino artístico.

- Añade bocetos, fotos o recortes que den vida a tus ideas de moda.
- Escribe detalles sobre colores, telas o elementos del conjunto que te inspiraron.
- Deja espacio para que tu "yo" del futuro vea cómo evoluciona tu estilo.

Consejo: *Una sola imagen o muestra puede inspirar toda una colección. Guarda incluso los pequeños detalles que te motiven.*

Inspiración de Atuendos: School Chic & Party Glam

Inspiración School Chic

Piensa en conjuntos diarios que reflejen tu personalidad. Prueba una falda plisada con un suéter corto, o vaqueros anchos con una camiseta gráfica metida y zapatillas. Añade una chaqueta ligera o un blazer para un toque elegante pero sin esfuerzo. Accesorios como collares en capas o mochilas modernas completan el look.

Inspiración Party Glam

Para ocasiones especiales o fines de semana divertidos, apuesta por el brillo y el movimiento. Faldas metálicas, tops de lentejuelas o vestidos slip con plataformas son divertidos y atrevidos. Agrega joyas llamativas o un mini bolso para un extra de brillo.

Meta: *verte segura, disfrutar y hacer que cada conjunto se sienta como un momento especial.*

Guía de práctica de moda y notas

El diseño no tiene que ser perfecto: ¡se trata de experimentar!
Intenta dibujar rápido y deja que tu creatividad fluya.

Cómo usar esta página:
- Haz un boceto de calentamiento de 5 minutos.
- Concéntrate en un solo elemento (mangas, zapatos, etc.).
- Añade notas sobre color, textura o forma.

Reflexión y notas:
- ¿Dibujar rápido me ayudó a ser más creativo/a?
- ¿Qué detalle me gusta más?
- ¿Qué cambiaría la próxima vez?

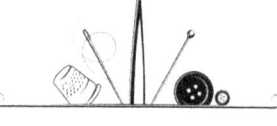

Consejo: *Los bocetos rápidos te ayudan a soltarte y a pensar como un verdadero diseñador.*

_____

_____

_____

_____

_____

_____

_____

_____

Inspiración de Atuendos: Streetwear

Energía Athleisure: deportiva y con estilo

El athleisure es comodidad con actitud. Imagina pantalones deportivos con tops cortos, sudaderas amplias o chaquetas deportivas.

Mantén el equilibrio: pantalones sueltos con partes de arriba ajustadas, o al revés.
Añade accesorios divertidos: gorros tipo bucket, zapatillas grandes, mini bolsos cruzados.
Telas clave: mezclas de algodón, licra y tejidos ligeros. Incluye una pieza brillante o colorida para destacar.

Consejo: Diseña un conjunto que sirva tanto para clases como para el fin de semana — fresco, cómodo y con confianza.

Tendencias

Inspiración

Textiles

Notas

Detalles

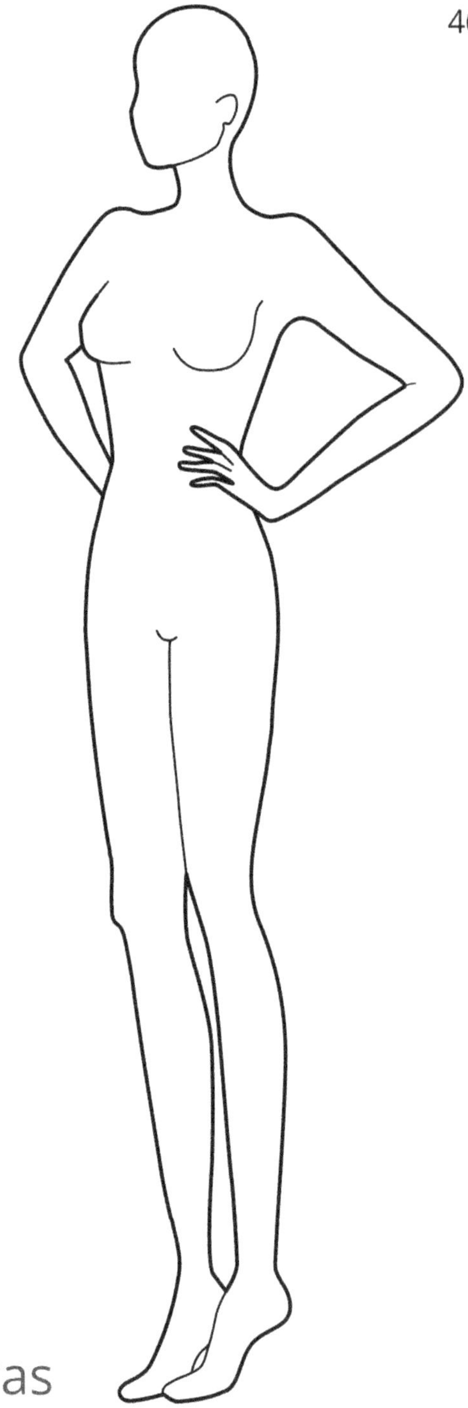

Muestras

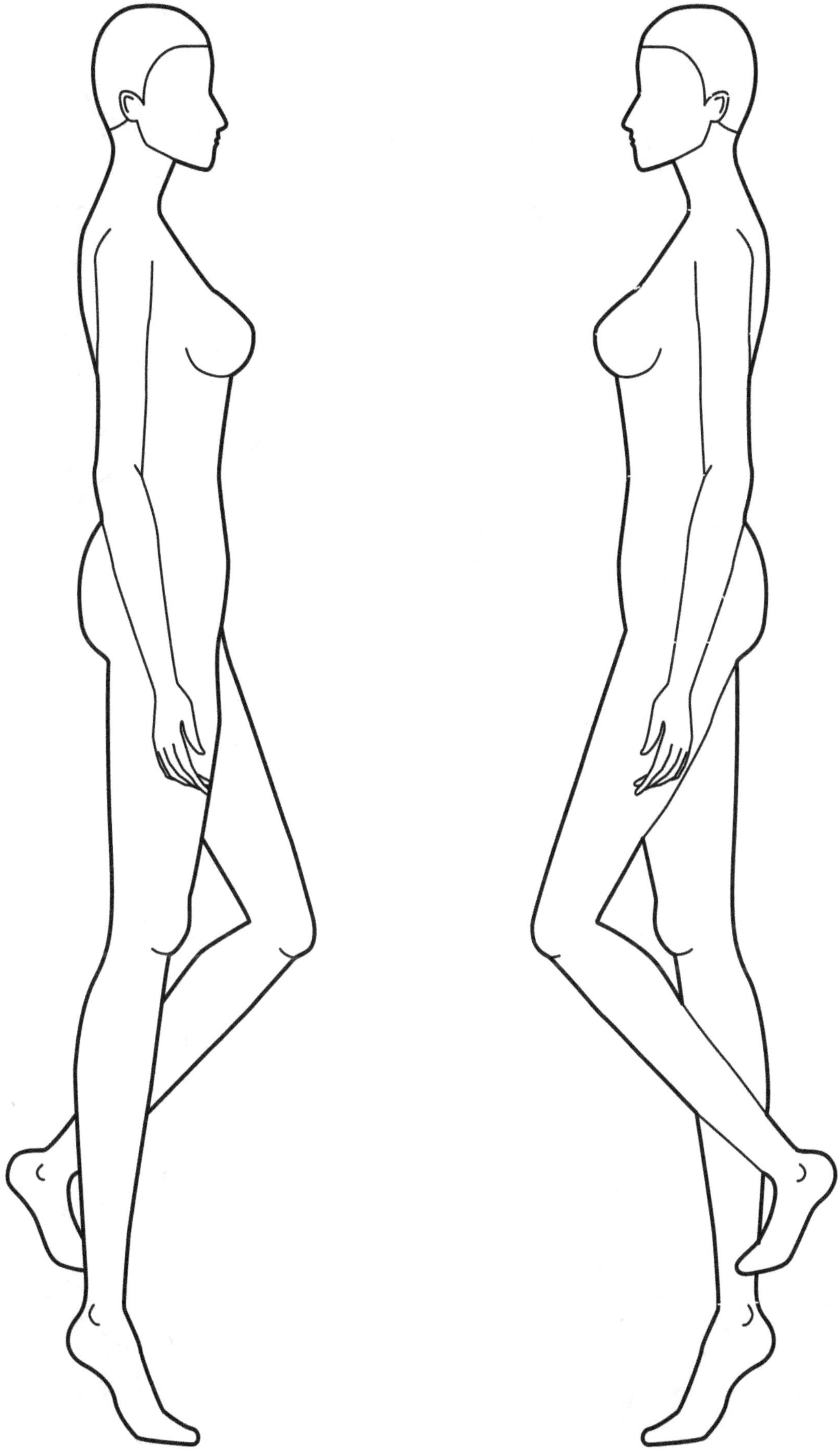

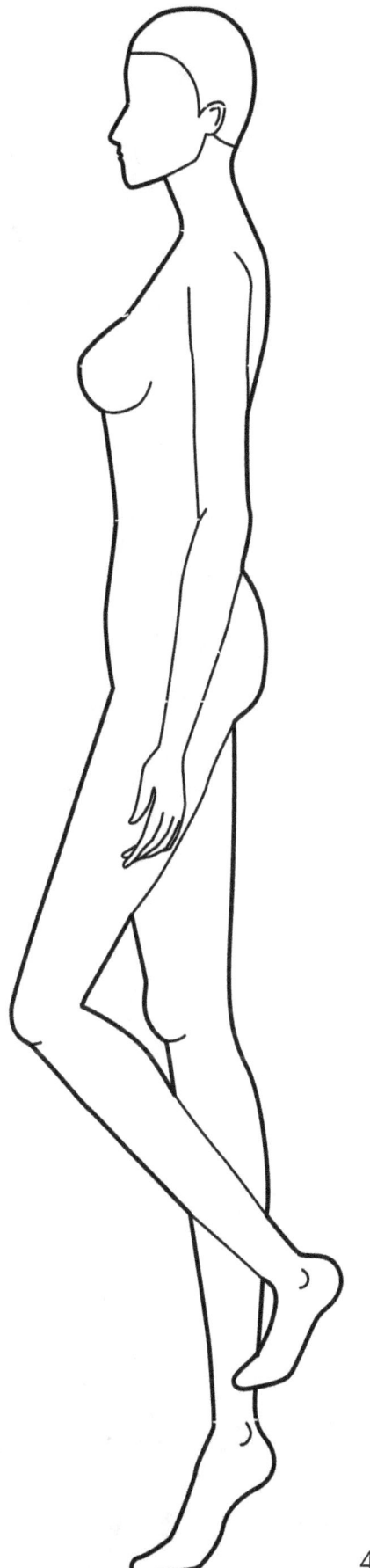

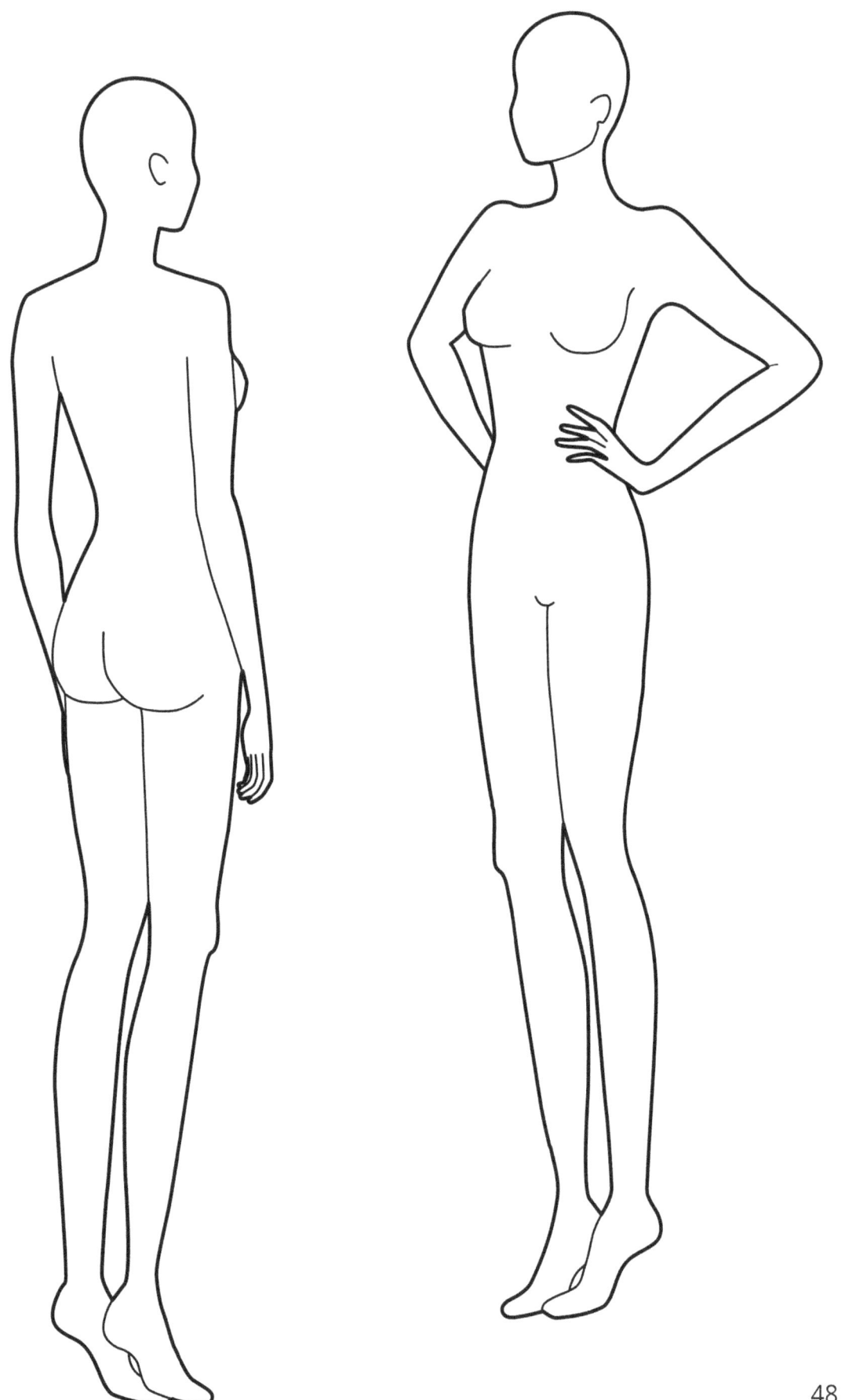

Tus notas y fotos de inspiración

Esta página es tu galería creativa!

Úsala para seguir tu progreso, capturar tus diseños favoritos y reflexionar sobre tu camino artístico.

- Añade bocetos, fotos o recortes que den vida a tus ideas de moda.
- Escribe detalles sobre colores, telas o elementos del conjunto que te inspiraron.
- Deja espacio para que tu "yo" del futuro vea cómo evoluciona tu estilo.

Consejo: *Una sola imagen o muestra puede inspirar toda una colección. Guarda incluso los pequeños detalles que te motiven.*

Inspiración de Atuendos: School Smart & Futuristic Vibes

Inspiración School Smart

Piensa en "cool pero ordenado". Pantalones anchos, tops simples y blazers o cárdigans ligeros funcionan perfecto. Agrega toques de color — pasteles o tonos suaves brillantes — para hacerlo divertido.

Calzado: zapatillas, mocasines o botines. Un look inteligente, moderno y fácil de llevar.

Inspiración Futuristic Vibes

La moda futurista se trata de toques metálicos y formas fuertes. Imagina chaquetas plateadas, telas holográficas o accesorios geométricos. Mantén el look atrevido pero equilibrado, mezclando texturas brillantes con piezas simples. Este estilo grita creatividad y confianza.

Guía de práctica de moda y notas

La moda siempre cuenta una historia. Usa esta página para diseñar algo inspirado en tu estado de ánimo, tu canción favorita o incluso una película.

Cómo usar esta página:
- Elige un tema (como confianza, viaje o amistad).
- Transforma esa idea en formas, líneas y colores.
- Agrega detalles que hagan que el conjunto se sienta personal.

Reflexión y notas:
- ¿Mi boceto refleja la emoción que quería?
- ¿Qué detalle cuenta mejor mi historia?
- ¿Cómo podría hacerlo aún más "yo"?

Consejo: *Tus mejores diseños nacen de lo que más te inspira.*

_____
_____
_____
_____
_____
_____
_____
_____
_____

Inspiración de Atuendos: Streetwear

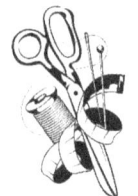

El regreso del denim: clásico y moderno

El denim nunca pasa de moda. Pantalones de cintura alta, chaquetas cortas, faldas con parches — ¡todo vale! Mezcla lavados claros y oscuros o prueba un total denim look para un toque trendy.

Prueba esto: Dibuja una chaqueta oversize de mezclilla con jeans anchos y una camiseta brillante. Agrega zapatillas, pines o un cinturón divertido para hacerlo destacar.

Personaliza: con dibujos, bordados o parches DIY. Convierte el denim en tu propio lienzo.

Consejo: El denim es tu canvas — hazlo tan creativo como tú.

Tendencias

Inspiración

Textiles

Notas

Detalles

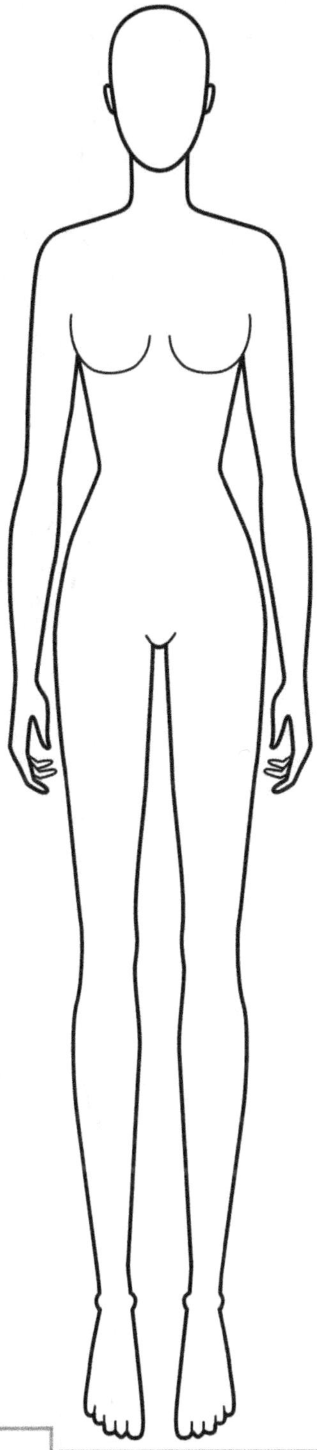

Muestras

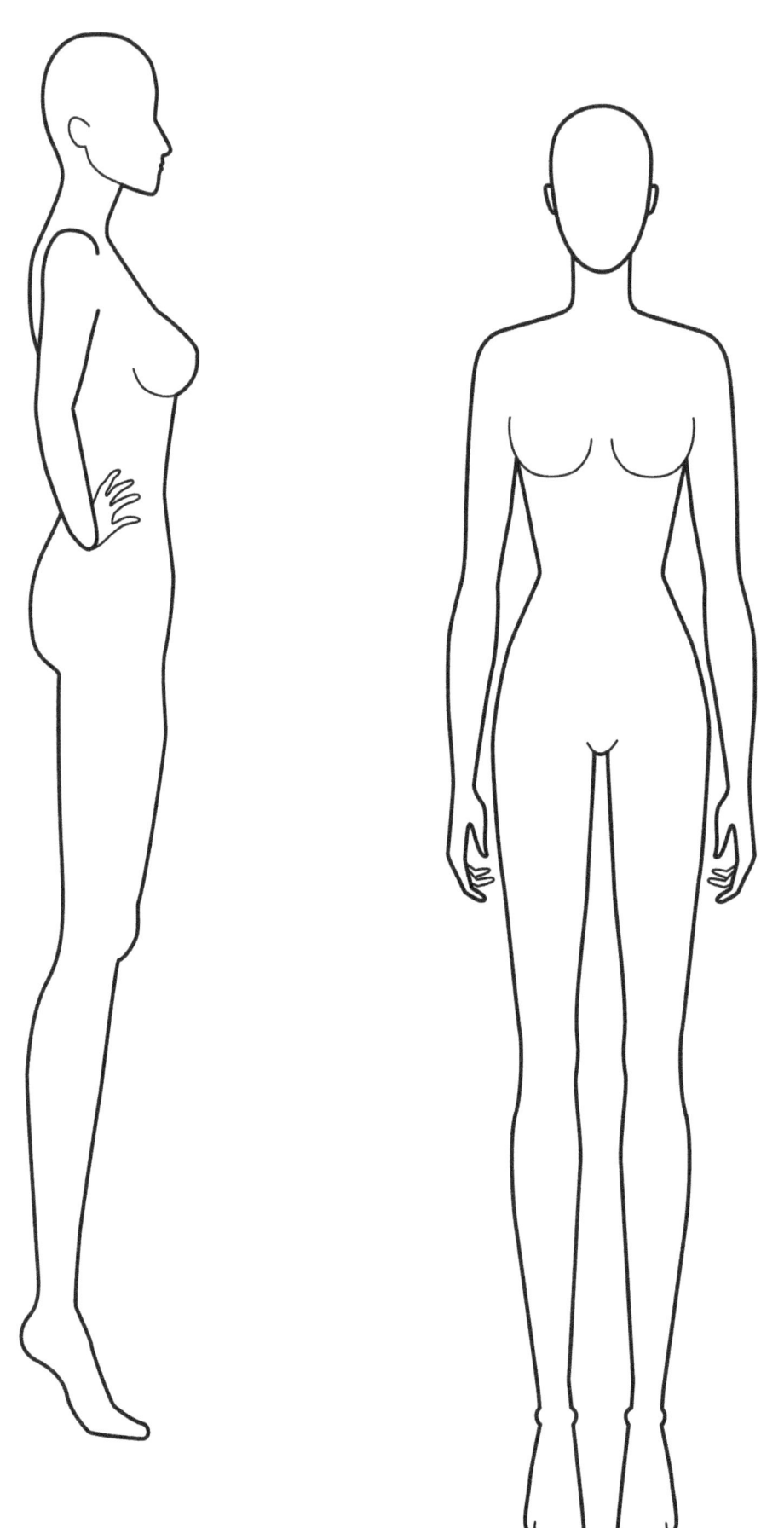

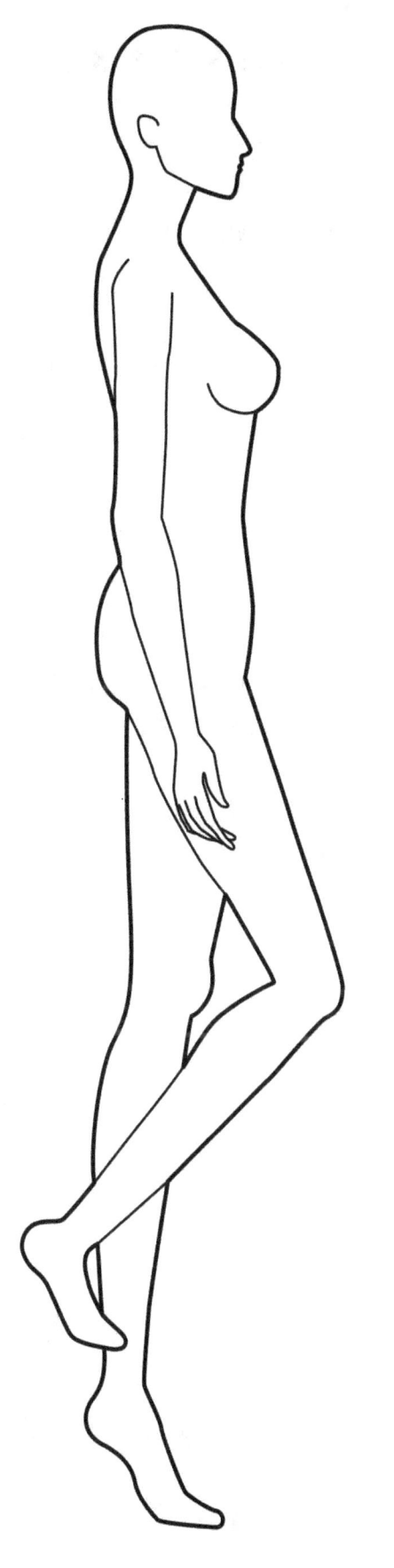
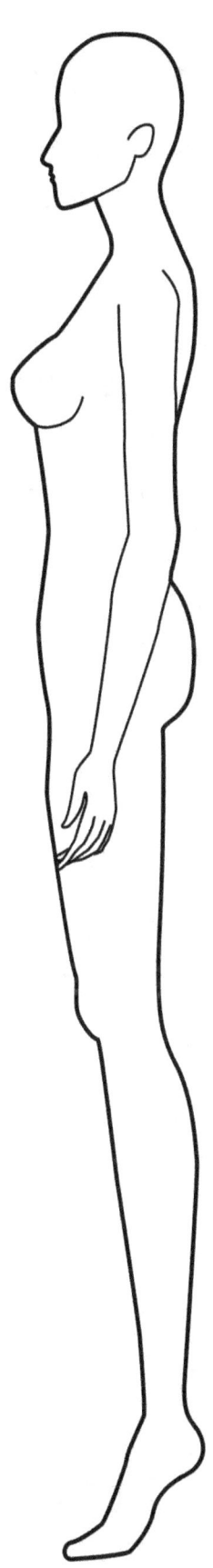

Tus notas y fotos de inspiración

Esta página es tu galería creativa!

Úsala para seguir tu progreso, capturar tus diseños favoritos y reflexionar sobre tu camino artístico.

- Añade bocetos, fotos o recortes que den vida a tus ideas de moda.
- Escribe detalles sobre colores, telas o elementos del conjunto que te inspiraron.
- Deja espacio para que tu "yo" del futuro vea cómo evoluciona tu estilo.

Consejo: *Una sola imagen o muestra puede inspirar toda una colección. Guarda incluso los pequeños detalles que te motiven.*

Inspiración de Atuendos: Creative Campus & Festival Glam

Inspiración Creative Campus

Exprésate incluso en los días casuales. Prueba pantalones estampados, camisetas gráficas o accesorios atrevidos. Suéteres grandes o cárdigans largos lo mantienen cómodo pero con estilo. Combina la comodidad escolar con un toque creativo.

Inspiración Festival Glam

¡Música, color y libertad! Piensa en vestidos fluidos, tops cortos con flecos y joyas en capas. Agrega detalles metálicos o estampados divertidos.

Este estilo trata de alegría y autoexpresión: perfecto para tu look de verano soñado.

Guía de práctica de moda y notas

¡Las reglas están para romperse! Usa esta página para experimentar con combinaciones nuevas o mezclas inesperadas.

Cómo usar esta página:
- Mezcla dos estilos (por ejemplo, deportivo + elegante).
- Añade accesorios que cambien el ambiente del conjunto.
- Escribe notas sobre lo que funcionó o no.

Reflexión y notas:
- ¿Descubrí una nueva idea de estilo?
- ¿Qué me sorprendió más?
- ¿Usaría realmente este outfit?

Consejo: *Los grandes diseñadores se atreven. ¡Haz algo audaz hoy!*

_____
_____
_____
_____
_____
_____
_____
_____
_____

Inspiración de Atuendos: Streetwear

Energía Oversized: juega con las formas

Las siluetas grandes = gran confianza.
Imagina una sudadera enorme, pantalones cargo o una chaqueta de mezclilla holgada.

Equilibra el volumen: partes de arriba amplias con pantalones ajustados, o crop tops con pantalones sueltos.
Los tonos neutros se ven clásicos, pero un color brillante o pastel le da vida al look.

Consejo: *Cuando dibujes, exagera un poco las formas: hará que tu diseño se sienta más dinámico y atrevido.*

Tendencias

Inspiración

Textiles

Notas

Detalles

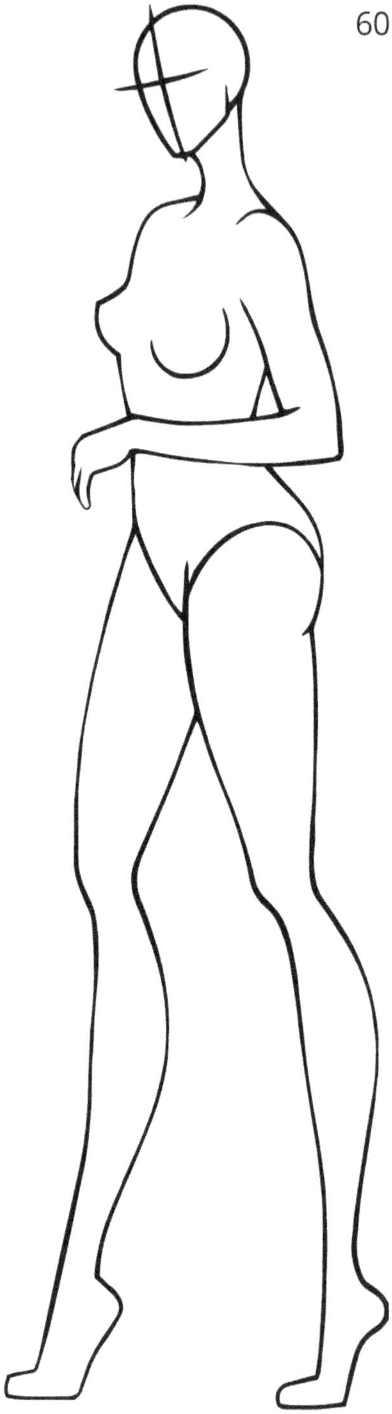

Muestras

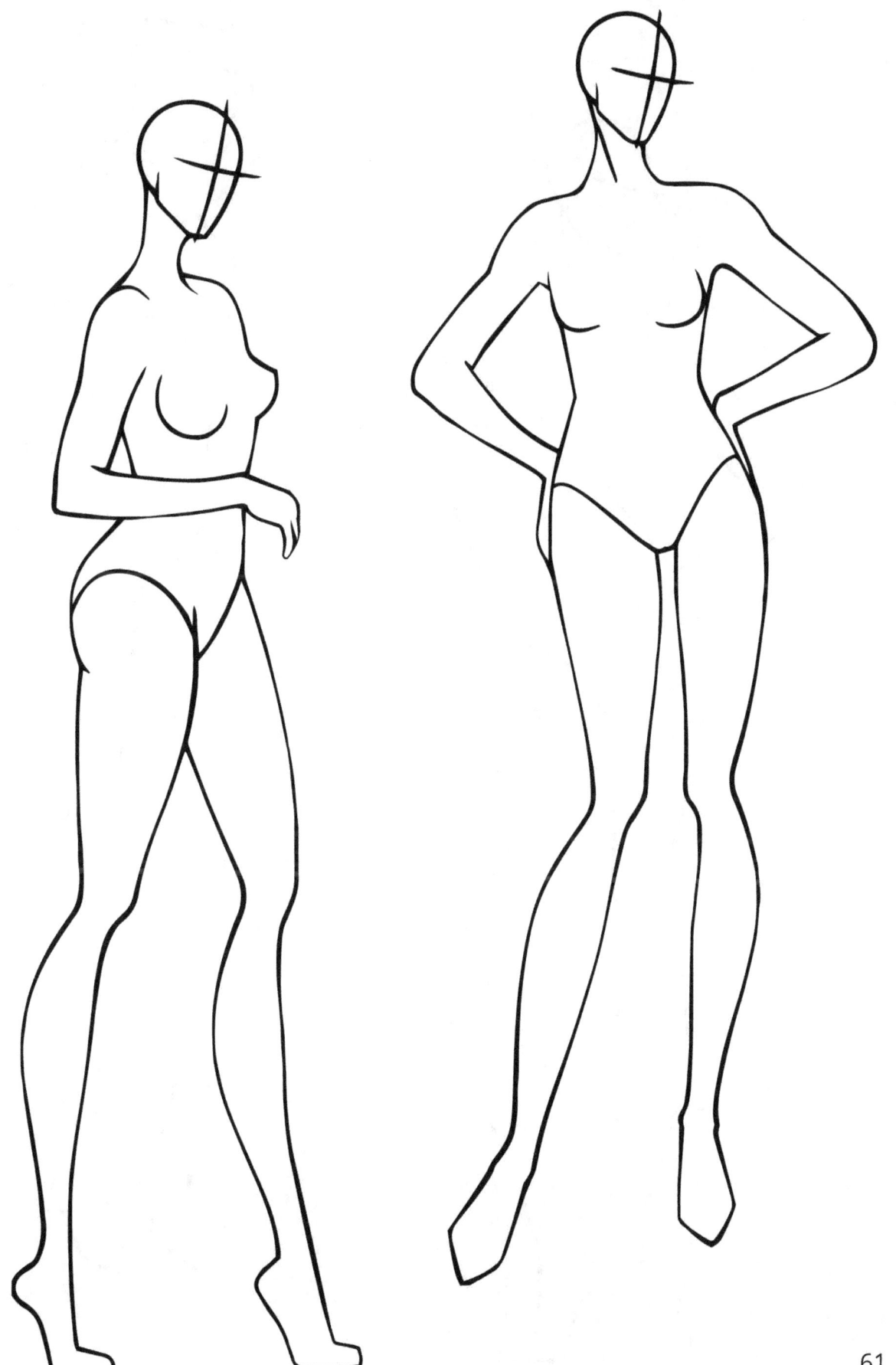

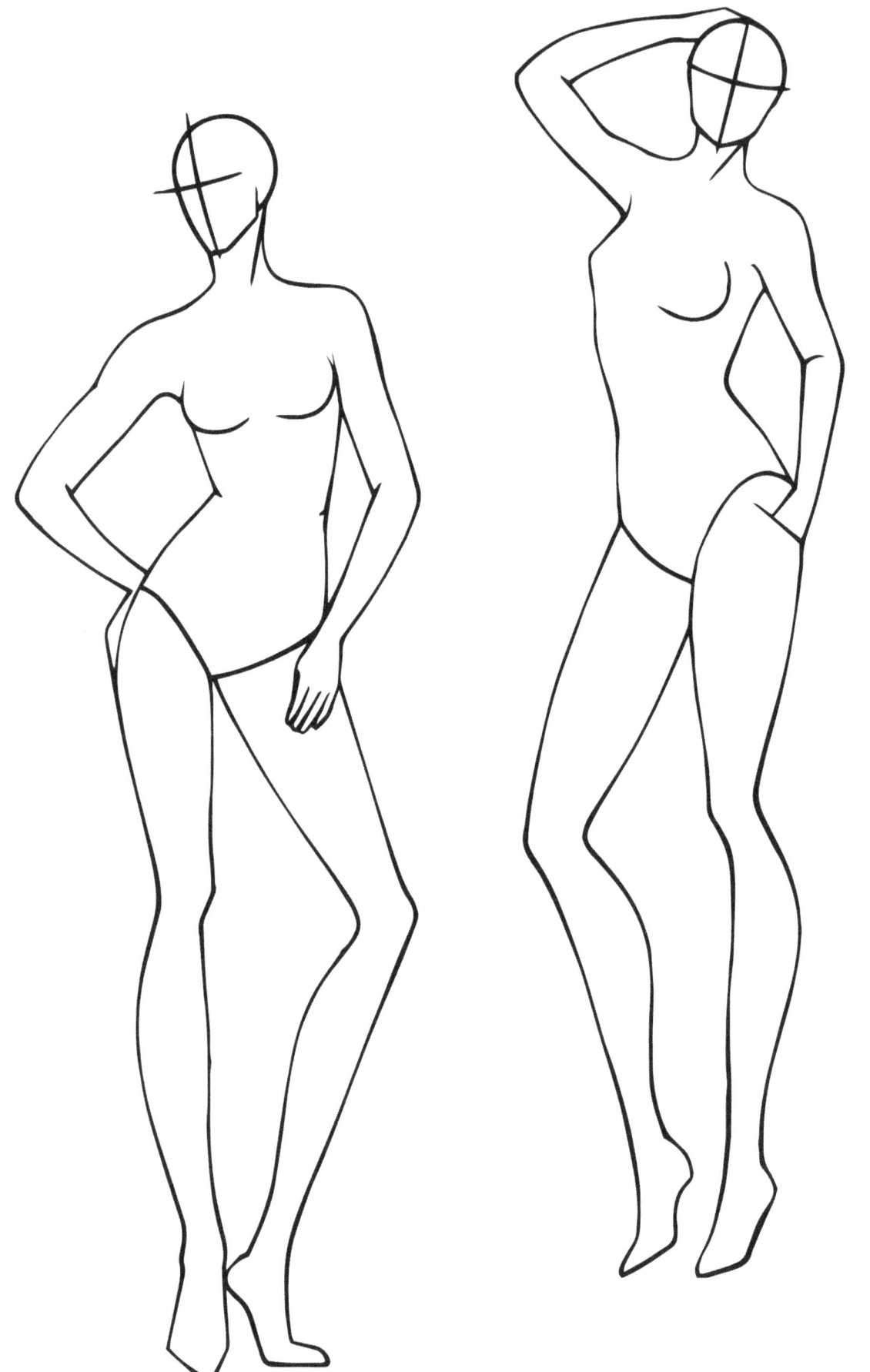

Tus notas y fotos de inspiración

Esta página es tu galería creativa!

Úsala para seguir tu progreso, capturar tus diseños favoritos y reflexionar sobre tu camino artístico.

- Añade bocetos, fotos o recortes que den vida a tus ideas de moda.
- Escribe detalles sobre colores, telas o elementos del conjunto que te inspiraron.
- Deja espacio para que tu "yo" del futuro vea cómo evoluciona tu estilo.

Consejo*: Una sola imagen o muestra puede inspirar toda una colección. Guarda incluso los pequeños detalles que te motiven.*

Inspiración de Atuendos:
Confident Daywear & Sustainable Glam

Inspiración Confident Daywear

El power dressing no es solo para adultos: se trata de sentirte lista para enfrentar el día. Prueba un blazer ajustado con jeans anchos o una camisa-vestido con zapatillas. Colores fuertes como esmeralda, ciruela o azul marino transmiten seguridad sin ser demasiado formales.

Inspiración Sustainable Glam

¡Moda con propósito! Usa ideas ecológicas como telas recicladas, detalles de segunda mano o personalizaciones DIY. Imagina un vestido de pasarela hecho con materiales reutilizados o estampados pintados a mano. Todo se trata de creatividad que también cuida el planeta.

Guía de práctica de moda y notas

Los diseños deben verse bien y sentirse bien. Piensa en cómo funcionaría tu conjunto en la vida real.

Cómo usar esta página:
- Diseña para una situación (escuela, fiesta, viaje de fin de semana).
- Imagina cómo se movería la persona al usarlo.
- Añade notas sobre comodidad, telas y ajuste.

Reflexión y notas:
- ¿Mi conjunto es fácil de llevar?
- ¿Qué lo hace más práctico?
- ¿Cómo podría hacerlo más versátil?

Consejo: Los mejores diseños combinan comodidad y creatividad.

_____
_____
_____
_____
_____
_____
_____
_____
_____

Inspiración de Atuendos: Streetwear

Actitud Gráfica: dilo con estilo

¡Tu conjunto puede hablar por ti! Los gráficos y textos audaces muestran confianza e individualidad. Prueba camisetas con frases, sudaderas con dibujos o chaquetas con diseños pintados en la espalda.

Reto de diseño: Dibuja una sudadera con capucha y crea tu propio estampado trasero — tal vez tus iniciales, una frase o un símbolo que te represente.

Consejo de tela: En la vida real puedes usar serigrafía o parches, pero en papel... ¡tu imaginación no tiene límites!

Tendencias

Inspiración

Textiles

Notas

Detalles

Muestras

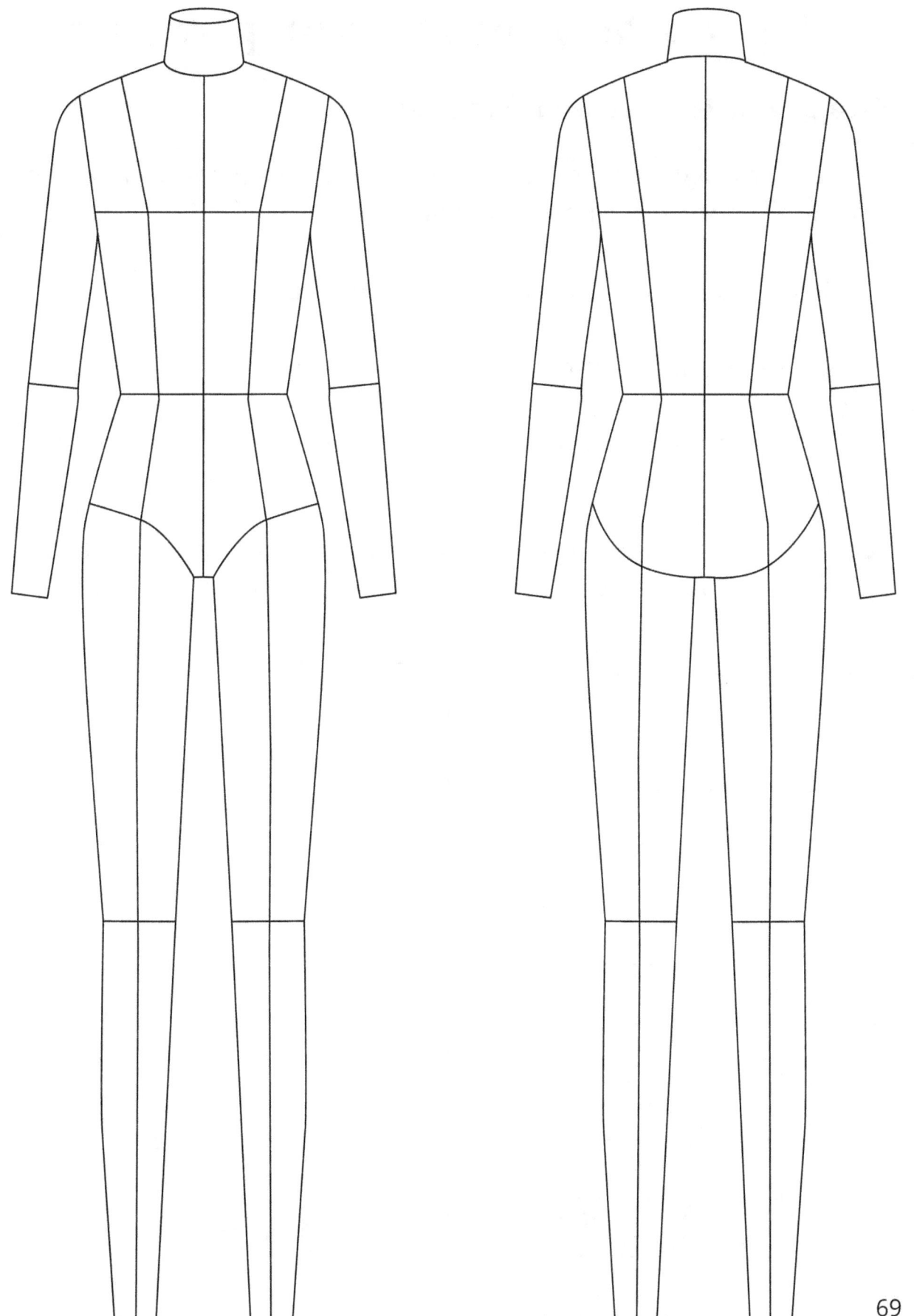

Tus notas y fotos de inspiración

Esta página es tu galería creativa!

Úsala para seguir tu progreso, capturar tus diseños favoritos y reflexionar sobre tu camino artístico.

- Añade bocetos, fotos o recortes que den vida a tus ideas de moda.
- Escribe detalles sobre colores, telas o elementos del conjunto que te inspiraron.
- Deja espacio para que tu "yo" del futuro vea cómo evoluciona tu estilo.

Consejo: Una sola imagen o muestra puede inspirar toda una colección. Guarda incluso los pequeños detalles que te motiven.

Inspiración de Atuendos: Viernes Casual y Sueño de Alta Costura

Inspiración Viernes Casual

Elegante pero relajado: piensa en jeans con una blusa bonita y zapatillas o botines. Añade un blazer para darle estructura o cámbialo por una chaqueta vaquera para un toque más desenfadado. Mantén los accesorios simples pero con estilo.

Inspiración Sueño de Alta Costura

¡Piensa en grande, dramático y lleno de personalidad! Imagina un vestido fluido, tejidos metálicos o lazos de gran tamaño. La alta costura no trata de reglas, sino de imaginación. Diseña algo que se sienta lujoso y original.

Guía de práctica de moda y notas

¡Las texturas hacen que tus diseños destaquen!

Cómo usar esta página:
- Dibuja un atuendo y anota tus ideas de telas.
- Mezcla texturas suaves y estructuradas.
- Escribe cómo debería moverse o sentirse cada tejido.

Reflexión y notas:
- ¿Qué combinación de texturas funciona mejor?
- ¿Logré equilibrar suavidad y estructura?
- ¿Cómo puedo hacerlo ver más realista?

Consejo Pro: *La textura adecuada convierte un boceto plano en magia de moda.*

Inspiración de Atuendos: Streetwear

Neutros Relajados

¡Neutral no significa aburrido! Beige, gris, blanco y negro pueden verse súper frescos si se combinan bien. Prueba con joggers y un crop top, o un abrigo oversize con zapatillas.

Añade un color acento —como rojo o verde neón— para darle vida al conjunto.

Idea para dibujar: Diseña un atuendo completamente neutro, luego agrega un detalle llamativo y observa cómo cambia el estilo.

Tendencias

Inspiración

Textiles

Notas

Detalles

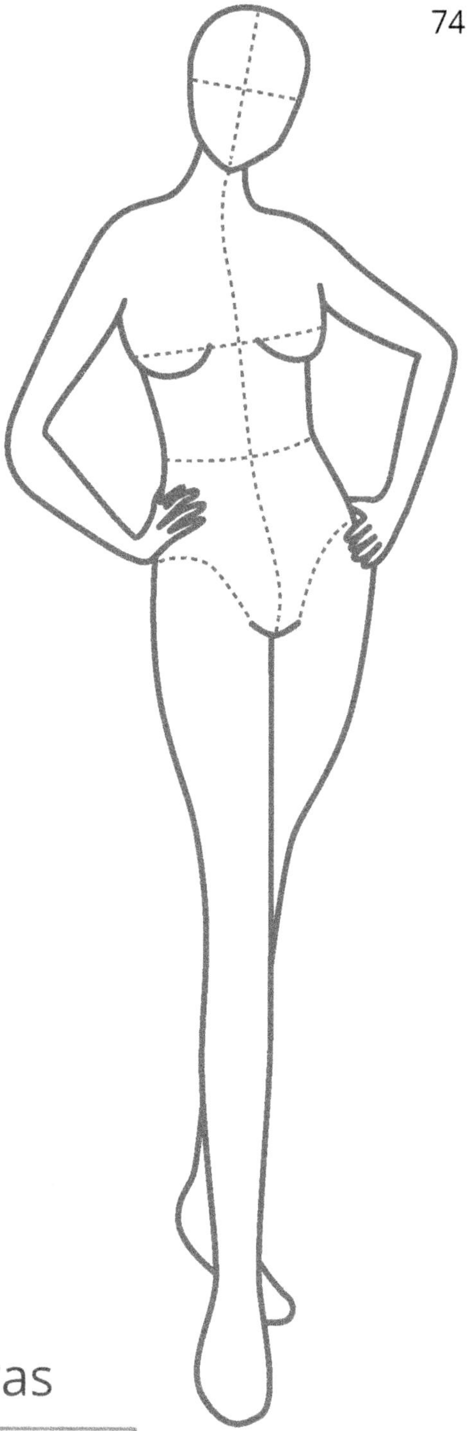

Muestras

74

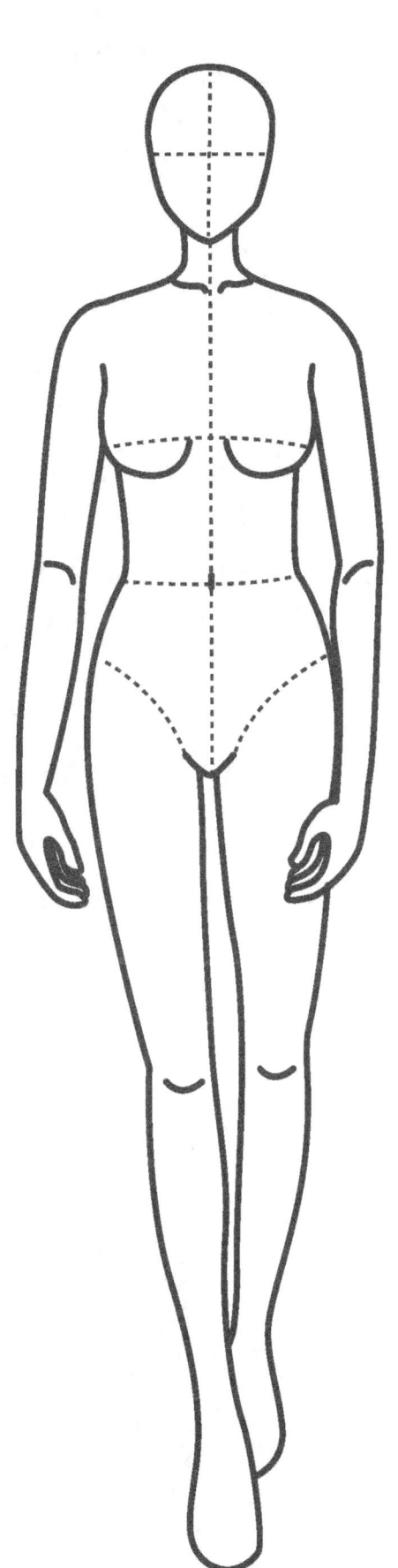
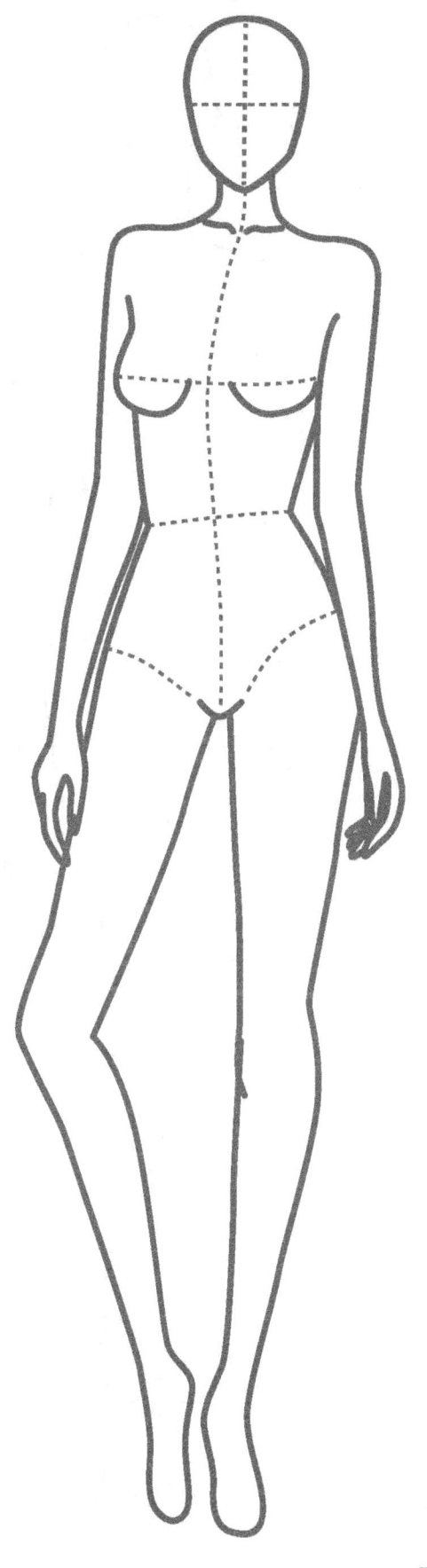

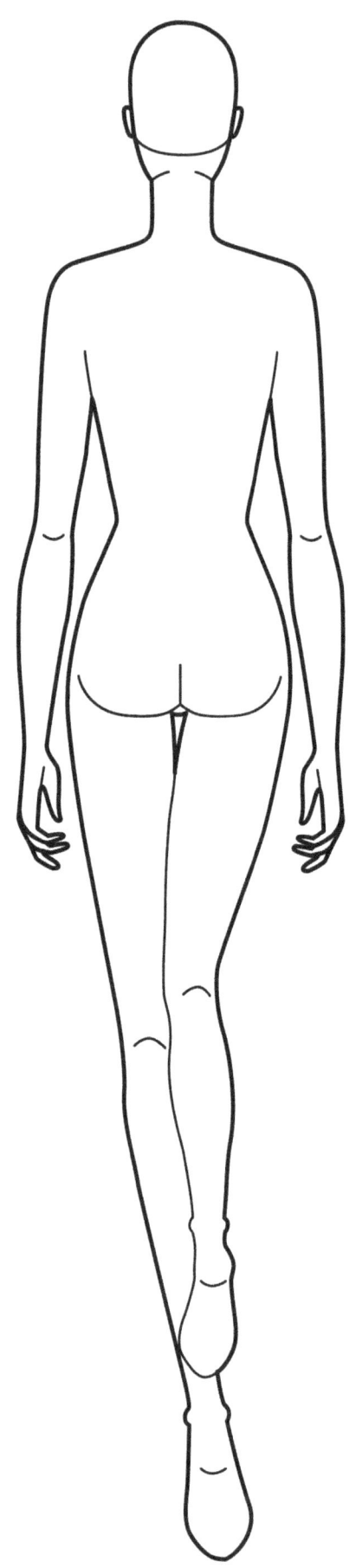
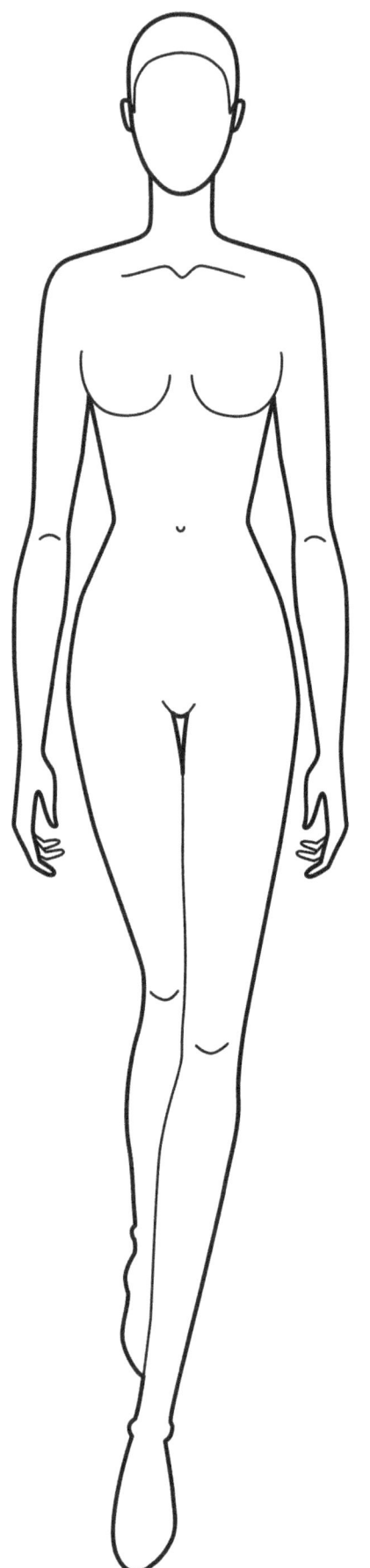

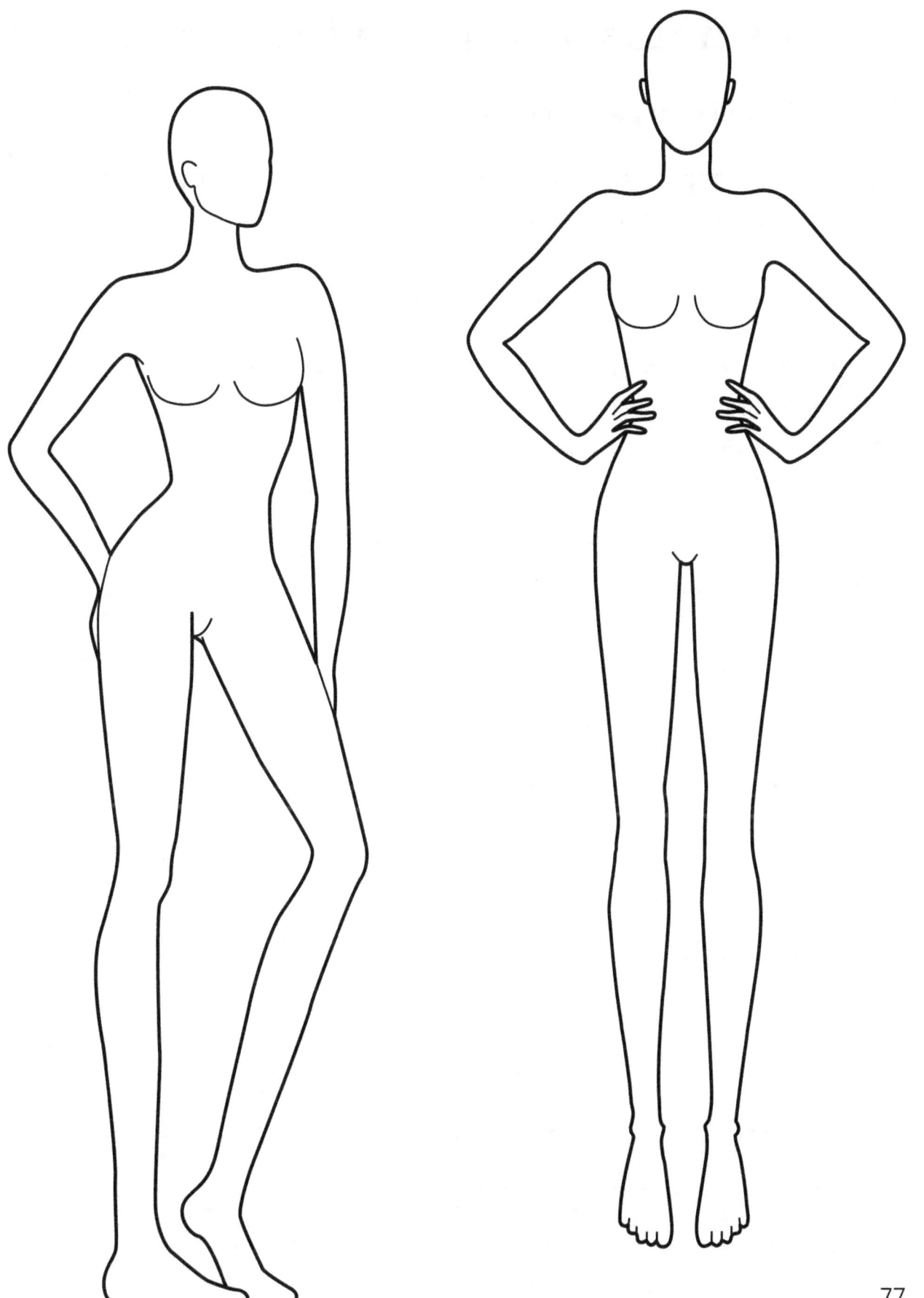

Tus notas y fotos de inspiración

Esta página es tu galería creativa!

Úsala para seguir tu progreso, capturar tus diseños favoritos y reflexionar sobre tu camino artístico.

- Añade bocetos, fotos o recortes que den vida a tus ideas de moda.
- Escribe detalles sobre colores, telas o elementos del conjunto que te inspiraron.
- Deja espacio para que tu "yo" del futuro vea cómo evoluciona tu estilo.

Consejo: *Una sola imagen o muestra puede inspirar toda una colección. Guarda incluso los pequeños detalles que te motiven.*

Inspiración de Atuendos:
Estado Monocromático y Glamour Minimalista

Inspiración Estado Monocromático

Elige un color y explora sus tonos —del azul cielo al marino, o del rosa claro al fucsia. Usa diferentes texturas (punto, satén, denim) para mantenerlo interesante. Un look monocromático transmite calma y confianza.

Inspiración Glamour Minimalista

¡Simple no significa básico! Prueba líneas limpias, colores sólidos y un accesorio destacado. Imagina un mono elegante con pendientes brillantes o un vestido liso con un bolso llamativo.

Consejo Pro: *El minimalismo es eterno —deja que la silueta sea la protagonista.*

Guía de práctica de moda y notas

¡Los accesorios pueden transformar por completo un atuendo!

Cómo usar esta página:
- Empieza con un conjunto base sencillo.
- Añade 2–3 combinaciones distintas de accesorios.
- Compara cómo cada una cambia el estilo o la sensación del conjunto.

Reflexión y notas:
- ¿Qué versión se siente más "yo"?
- ¿Los accesorios suman o distraen?
- ¿Cómo puedo lograr mejor equilibrio la próxima vez?

Consejo Pro: *Incluso el accesorio más pequeño puede marcar una gran diferencia.*

Inspiración de Atuendos: Streetwear

Streetwear con Toque Femenino

El streetwear no siempre tiene que verse deportivo o masculino. Puedes hacerlo más suave y divertido mezclando detalles femeninos —como una minifalda con zapatillas o un vestido lencero sobre una camiseta.

Prueba con telas y texturas: combina faldas de satén con sudaderas, o shorts de mezclilla con blusas de encaje. Mezclar lo casual con lo delicado le da equilibrio y personalidad al atuendo.

Desafío de dibujo: Crea un look que combine algo femenino (como una falda o blusa bonita) con una prenda típica del streetwear (como zapatillas, joggers o una sudadera).

Consejo Pro: *La verdadera confianza viene de combinar lo que amas — no te preocupes por etiquetas como "femenino" o "masculino". Simplemente hazlo tuyo.*

Tendencias

Inspiración

Textiles

Notas

Detalles

Muestras

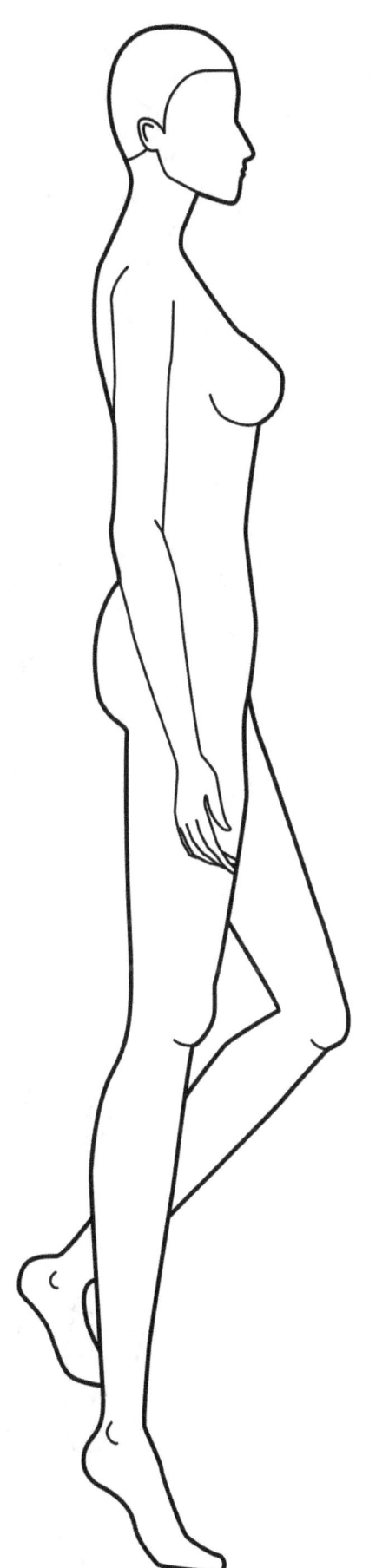
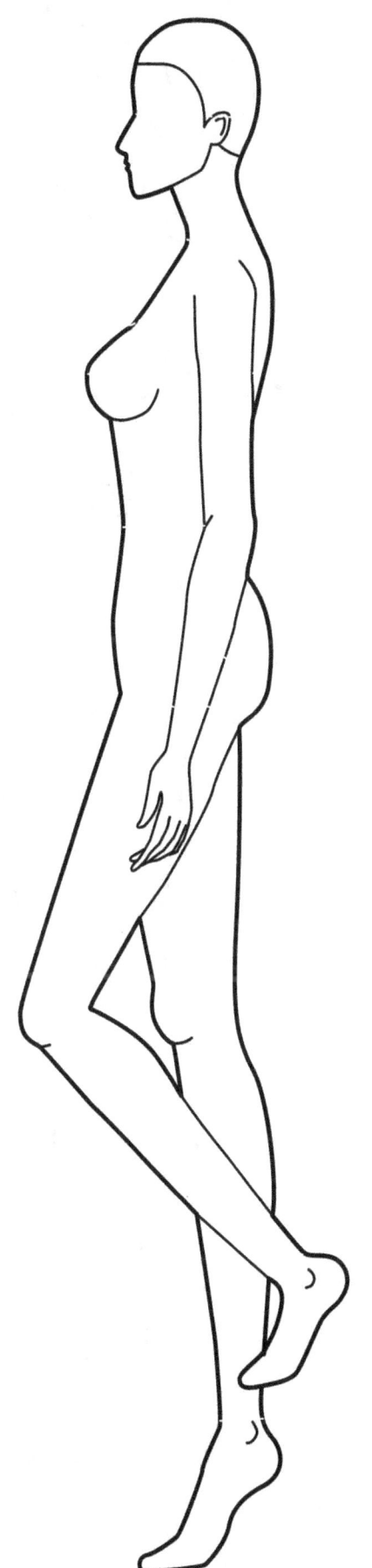

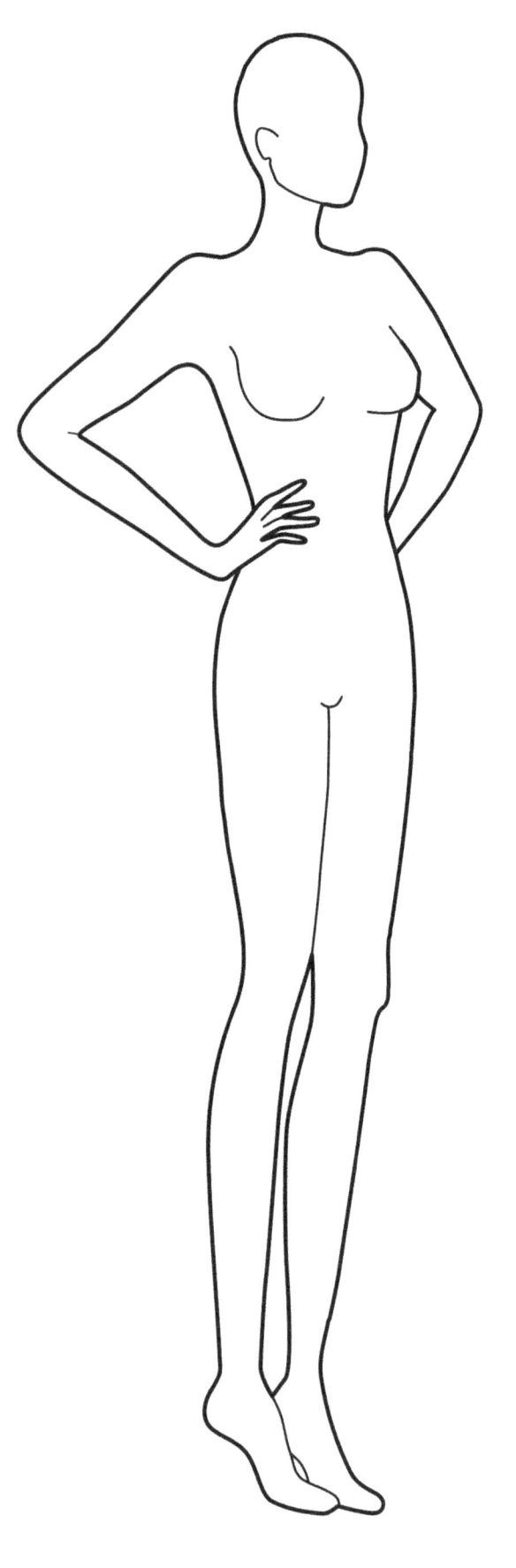
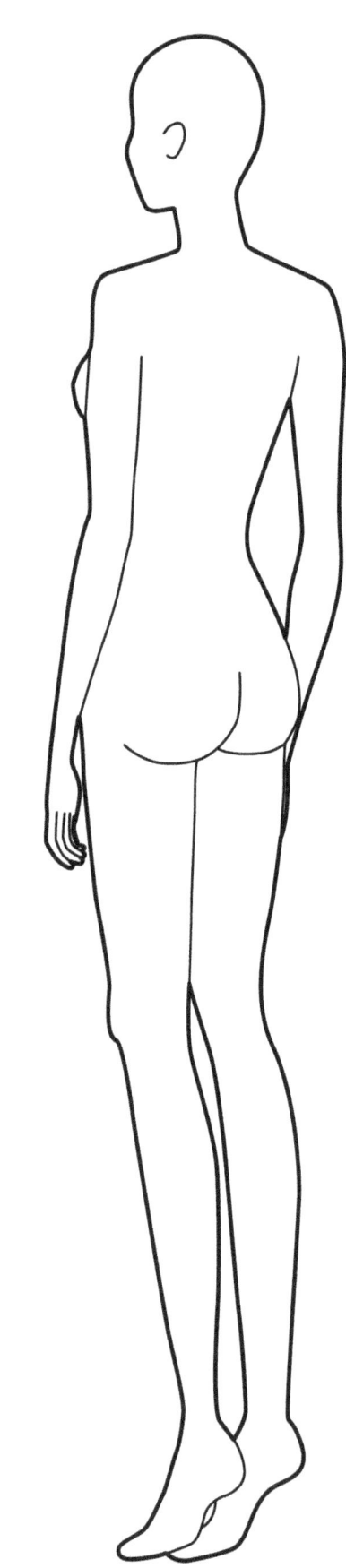

Tus notas y fotos de inspiración

Esta página es tu galería creativa!

Úsala para seguir tu progreso, capturar tus diseños favoritos y reflexionar sobre tu camino artístico.

- Añade bocetos, fotos o recortes que den vida a tus ideas de moda.
- Escribe detalles sobre colores, telas o elementos del conjunto que te inspiraron.
- Deja espacio para que tu "yo" del futuro vea cómo evoluciona tu estilo.

Consejo: *Una sola imagen o muestra puede inspirar toda una colección. Guarda incluso los pequeños detalles que te motiven.*

Inspiración de Atuendos:
Elegancia Escolar y Glamour Futurista

IInspiración Elegancia Escolar

Actualiza tu look escolar con un toque de elegancia. Prueba una blusa con volantes suaves, faldas plisadas o pantalones de pierna ancha en tonos pastel. Combínalos con zapatillas o mocasines neutros y accesorios sencillos. Es un estilo clásico pero cómodo para el día a día.

Inspiración Glamour Futurista

El glamour futurista une creatividad y brillo. Imagina telas fluidas mezcladas con toques metálicos o holográficos. Los vestidos con parte superior estructurada y faldas ligeras crean el contraste perfecto. Añade cinturones cromados o pendientes geométricos para un toque de otro mundo.

Consejo Pro: *Piensa en "ciencia ficción con brillo". ¡La moda puede ser futurista y femenina al mismo tiempo!*

Guía de práctica de moda y notas

Cada diseño que dibujas te ayuda a mejorar proporciones y fluidez. ¡Esta página es tu zona de entrenamiento!

Cómo usar esta página:
- Concéntrate en el equilibrio del cuerpo —cómo se ven el torso y las piernas.
- Observa cómo cae la ropa naturalmente sobre la figura.
- Añade notas sobre el ajuste: suelto, entallado o amplio.

Reflexión y notas:
- ¿Mis proporciones mejoraron respecto a antes?
- ¿Qué parte de mi dibujo se ve más natural?
- ¿Cómo puedo hacer que las poses se vean más realistas?

Consejo Pro: *Las proporciones correctas hacen que tus bocetos de moda parezcan profesionales y dinámicos.*

_____

_____

_____

_____

_____

_____

_____

_____

Inspiración de Atuendos: Streetwear

Tendencia Utility: Función con Estilo

La moda utilitaria es práctica y con carácter. Piensa en pantalones cargo, chalecos tácticos y cinturones con hebillas o grandes bolsillos —inspirados en la ropa de trabajo.

Ideas de color: verde oliva, caqui, negro y tonos camuflaje.
Accesorios como botas robustas, bolsos cruzados o sombreros tipo bucket completan el look.

Desafío de dibujo: Diseña un top corto con pantalones cargo amplios y un chaleco utilitario. Añade tus zapatillas o botas favoritas para un estilo con fuerza.

Consejo Pro: *El streetwear con propósito transmite confianza y poder.*

Tendencias

Inspiración

Textiles

Notas

Detalles

Muestras

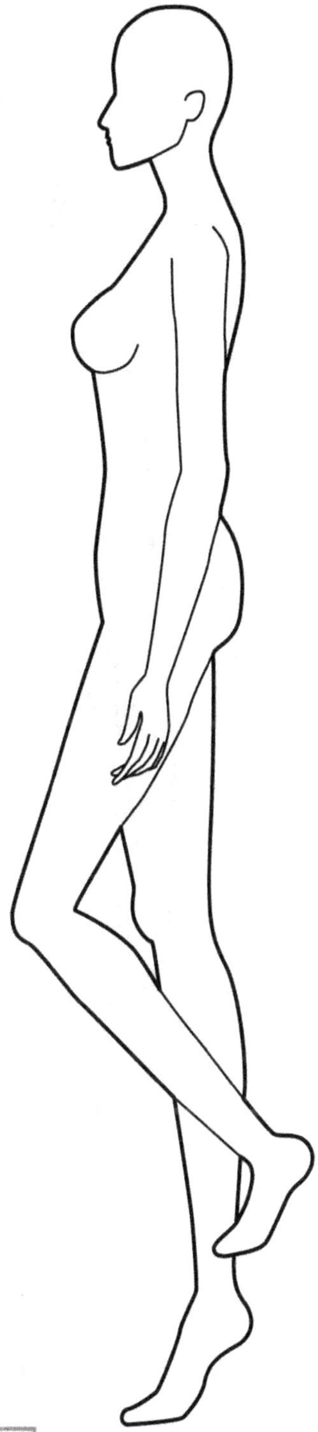

89

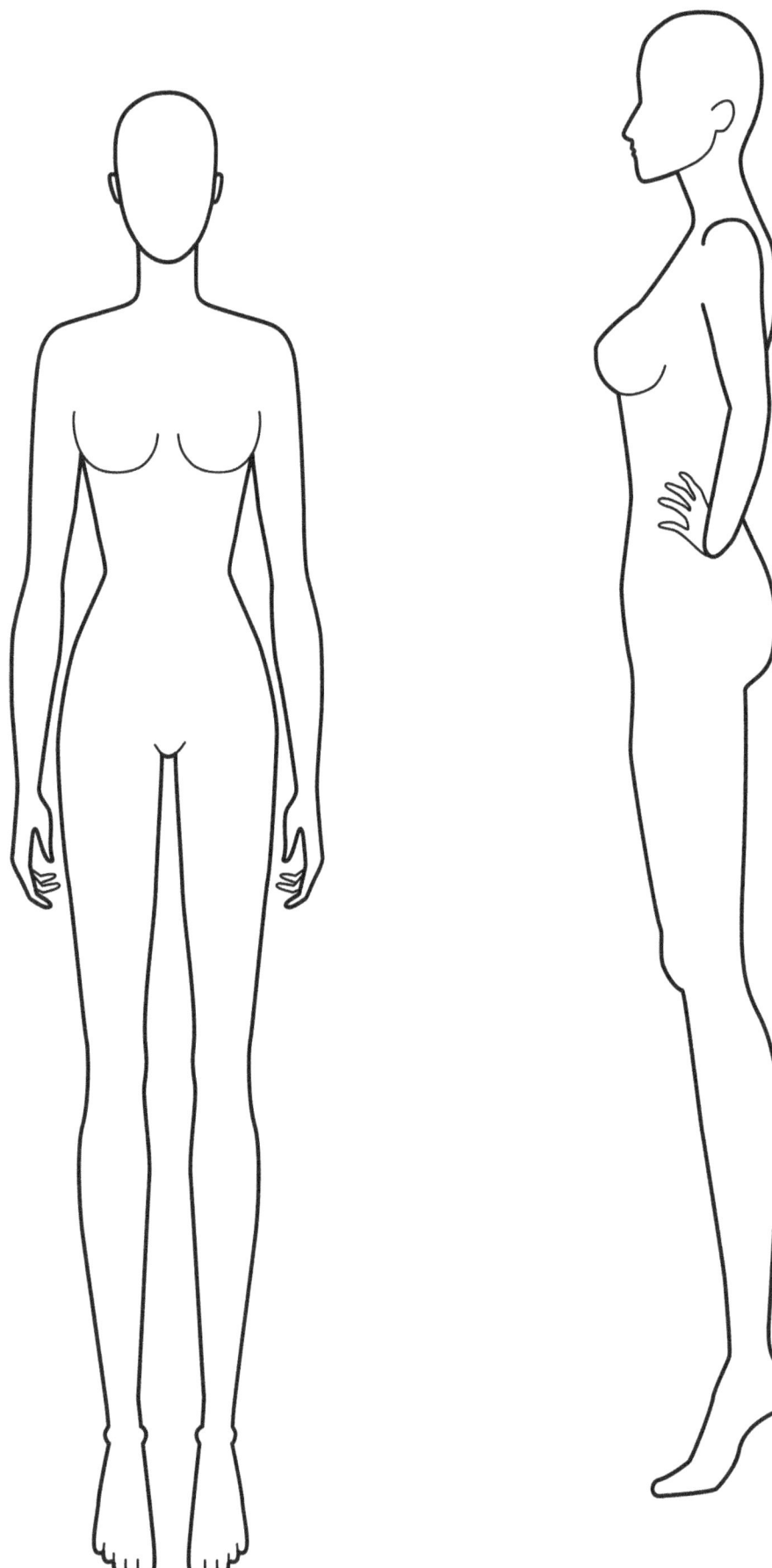

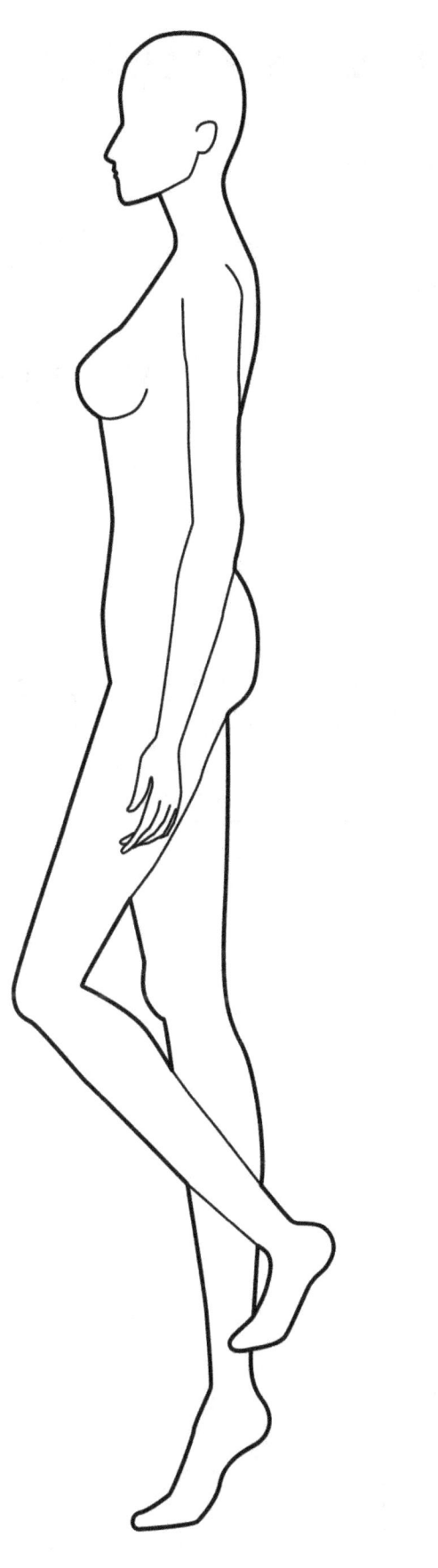
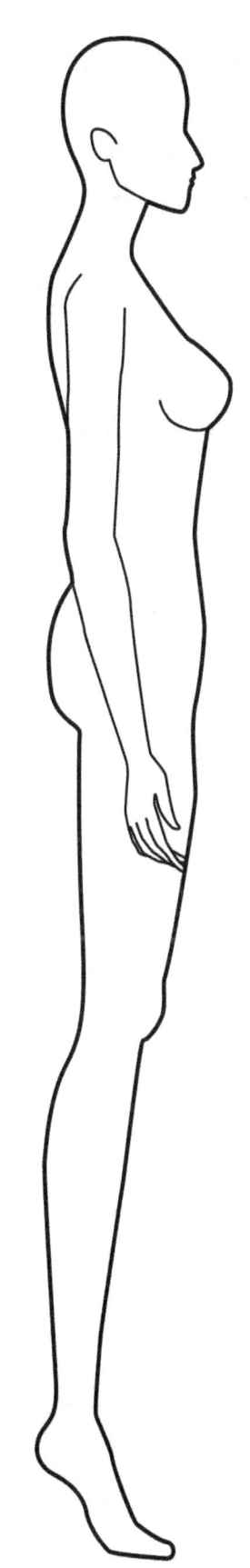

Tus notas y fotos de inspiración

Esta página es tu galería creativa!

Úsala para seguir tu progreso, capturar tus diseños favoritos y reflexionar sobre tu camino artístico.

- Añade bocetos, fotos o recortes que den vida a tus ideas de moda.
- Escribe detalles sobre colores, telas o elementos del conjunto que te inspiraron.
- Deja espacio para que tu "yo" del futuro vea cómo evoluciona tu estilo.

Consejo: *Una sola imagen o muestra puede inspirar toda una colección. Guarda incluso los pequeños detalles que te motiven.*

Inspiración de Atuendos: Smart-Casual y Brillo de Festival

Inspiración Smart-Casual

Equilibra comodidad y estilo. Combina pantalones rectos con una camiseta o suéter metido. Añade un blazer corto o una chaqueta ligera. Termina con zapatillas o botines —perfecto para presentaciones o tardes de estudio.

Inspiración Brillo de Festival

El glamour de festival trata de libertad y diversión. Los brillos, lentejuelas y telas holográficas añaden color y energía. Prueba faldas fluidas, detalles de flecos o tops decorados. Añade gafas llamativas o joyería en capas para más brillo.

Consejo Pro: *Diseña un atuendo que brille bajo el sol o las luces del escenario — ¡deja que tu creatividad resplandezca!*

Guía de práctica de moda y notas

Los colores cuentan una historia: cada uno cambia por completo la vibra del atuendo.

Cómo usar esta página:
- Dibuja un atuendo y prueba 2-3 paletas de color.
- Etiquétalas (cálida, fría o monocromática).
- Observa cómo cambia la sensación con cada una.

Reflexión y notas:
- ¿Qué paleta se siente más "yo"?
- ¿Los colores chocan o se complementan?
- ¿Cómo volvería a usar estos tonos?

Consejo Pro: *El color es emoción —úsalo para expresar tu estado de ánimo y personalidad.*

_____
_____
_____
_____
_____
_____
_____
_____

Inspiración de Atuendos: Streetwear

Renacimiento del Streetwear Vintage

¡Lo retro siempre vuelve! El streetwear recupera tendencias de los 80, 90 y 2000: denim oversize, camisas de cuadros, tie-dye o sombreros bucket.

Idea de diseño: reinventa un look retro con un toque moderno. Tal vez jeans de pierna ancha y sudadera corta, o una camiseta tie-dye con zapatillas de nueva generación.

Consejo Pro: *La moda siempre regresa —añade tu propio toque para que lo vintage se sienta actual.*

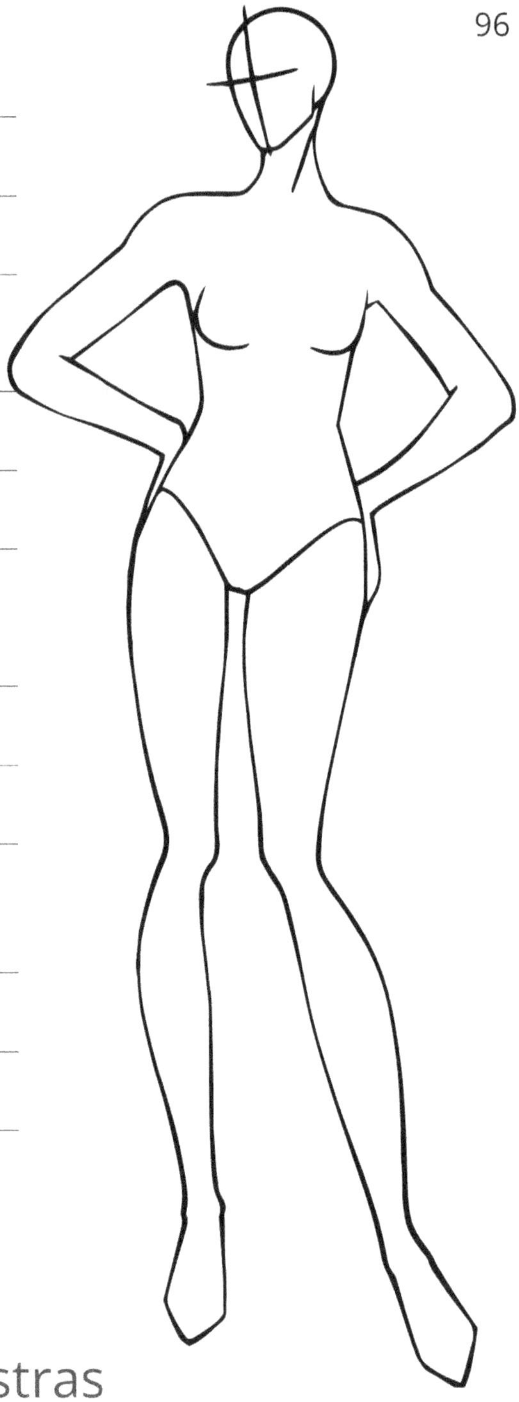

Tendencias

Inspiración

Textiles

Notas

Detalles

Muestras

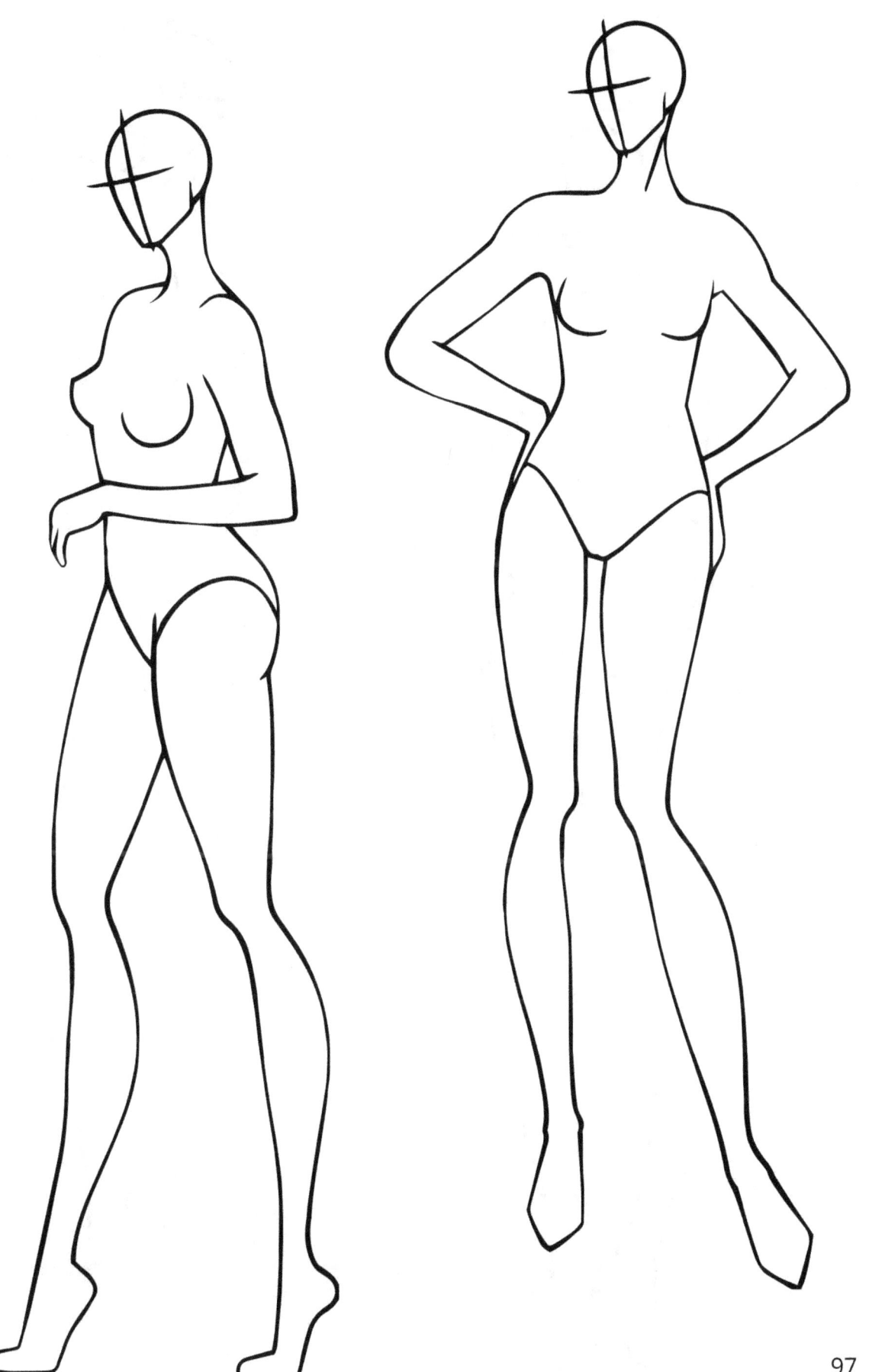

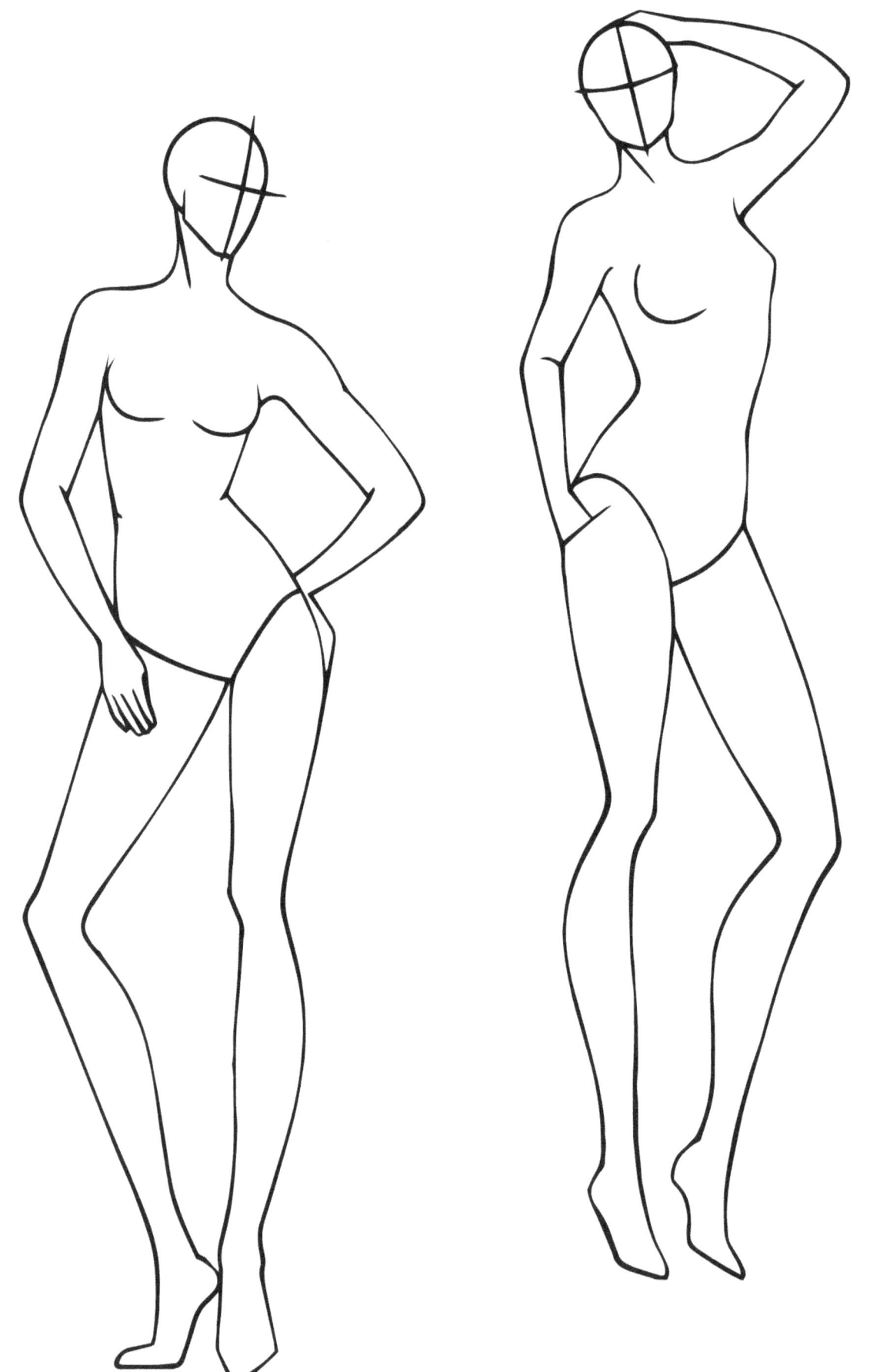

Tus notas y fotos de inspiración

Esta página es tu galería creativa!

Úsala para seguir tu progreso, capturar tus diseños favoritos y reflexionar sobre tu camino artístico.

- Añade bocetos, fotos o recortes que den vida a tus ideas de moda.
- Escribe detalles sobre colores, telas o elementos del conjunto que te inspiraron.
- Deja espacio para que tu "yo" del futuro vea cómo evoluciona tu estilo.

Consejo: *Una sola imagen o muestra puede inspirar toda una colección. Guarda incluso los pequeños detalles que te motiven.*

Inspiración de Atuendos:
Elegancia de Aula y Alta Costura Ecológica

Inspiración Elegancia de Aula

¡Un vestido sencillo puede ser tu mejor opción! Prueba uno hasta la rodilla en un tono pastel sólido, con una chaqueta corta o cárdigan encima. Elige telas transpirables como algodón o lino. Añade un cinturón fino y zapatos neutros para un look suave y elegante.

Inspiración Alta Costura Ecológica

La moda ecológica trata de cuidar el planeta y lucir increíble. Imagina vestidos o conjuntos de dos piezas hechos con materiales sostenibles o reciclados —como algodón orgánico, bambú o mezclilla reutilizada. Los detalles pintados a mano o en patchwork lo hacen aún más especial.

Consejo Pro:

Ser sostenible siempre está de moda.

Guía de práctica de moda y notas

Los grandes diseñadores piensan en colecciones, no solo en atuendos individuales.

Cómo usar esta página:
- Dibuja 2-3 diseños que pertenezcan al mismo tema.
- Mantén un detalle consistente —como color o silueta.
- Añade notas sobre cómo cada pieza encaja en la mini colección.

Reflexión y notas:
- ¿Mis diseños parecen parte de una misma colección?
- ¿Qué atuendo destaca más?
- ¿Qué une toda la colección?

Consejo Pro: *Cada colección cuenta una historia —asegúrate de que la tuya tenga un tema claro.*

_____

_____

_____

_____

_____

_____

_____

_____

Inspiración de Atuendos: Streetwear

Sneakers First: Construye desde Abajo

En el streetwear, las zapatillas son las protagonistas. ¡A veces todo el conjunto se diseña a partir de ellas!

Elige un par llamativo—con suelas gruesas, detalles neón o de tipo high-top—y crea tu atuendo a su alrededor.

Prueba con joggers tipo cargo metidos en los calcetines, una sudadera cropped y una chaqueta genial.

Consejo de tejido: combina prendas neutras con zapatillas brillantes o repite un color del calzado en los accesorios.

Consejo Pro: *cuando tus zapatos tienen personalidad, mantén el resto equilibrado... pero nunca aburrido.*

Tendencias

Inspiración

Textiles

Notas

Detalles

Muestras

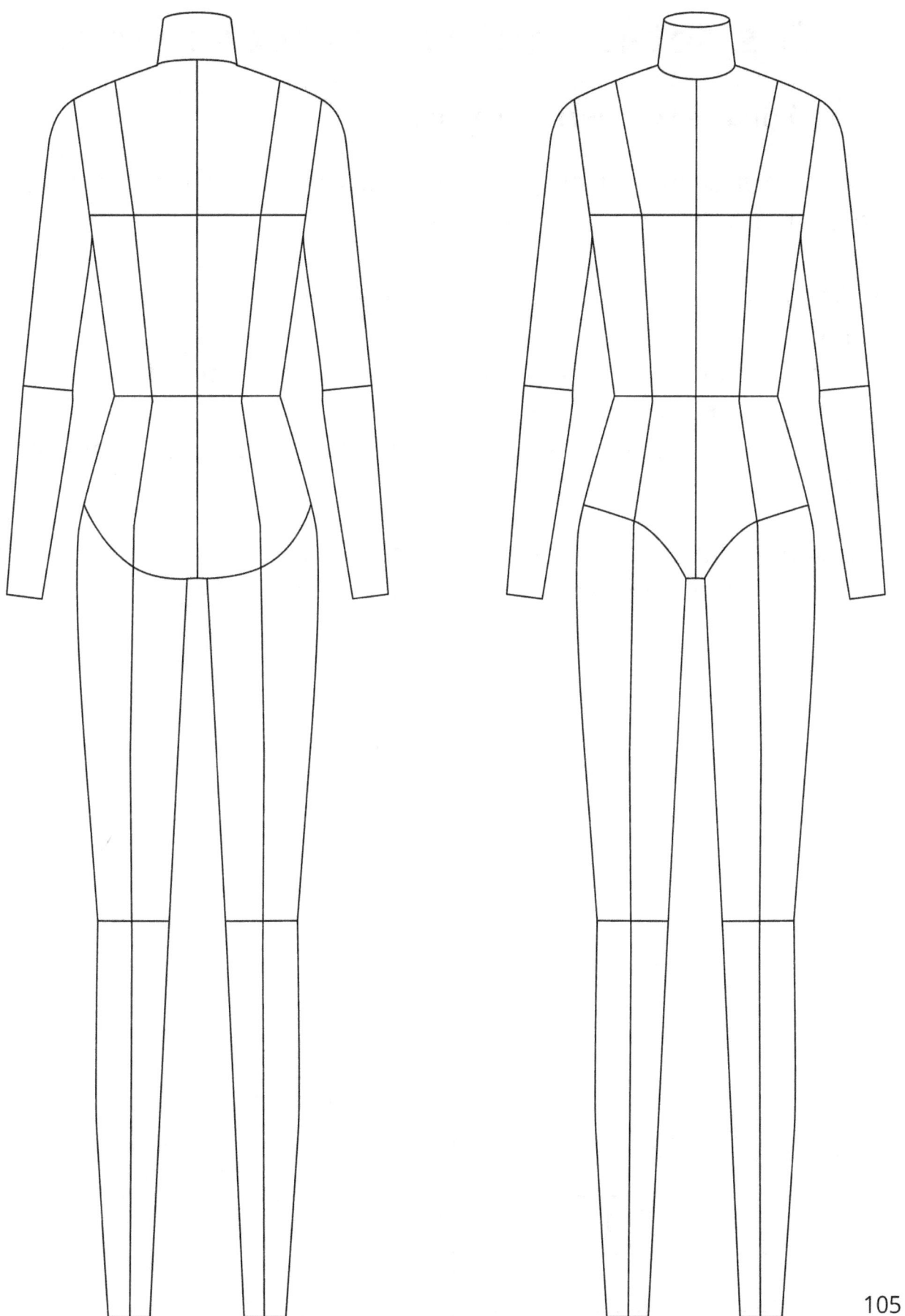

Tus notas y fotos de inspiración

Esta página es tu galería creativa!

Úsala para seguir tu progreso, capturar tus diseños favoritos y reflexionar sobre tu camino artístico.

- Añade bocetos, fotos o recortes que den vida a tus ideas de moda.
- Escribe detalles sobre colores, telas o elementos del conjunto que te inspiraron.
- Deja espacio para que tu "yo" del futuro vea cómo evoluciona tu estilo.

Consejo: *Una sola imagen o muestra puede inspirar toda una colección. Guarda incluso los pequeños detalles que te motiven.*

Inspiración de Atuendos:
Estilo Escolar Moderno y Futurista Deslumbrante

Inspiración Estilo Escolar Moderno

Mantente actual con tendencias sutiles que funcionen para el día a día. Blazers oversize, tonos pastel o pantalones anchos pueden lucir profesionales y relajados. Añade un bolso estructurado o mocasines con plataforma para un toque moderno y funcional.

Inspiración Futurista Deslumbrante

¡Imagina un look de pasarela que brille! Tejidos reflectantes, detalles LED o mangas esculturales llevan la creatividad al límite. Este tipo de look atrae todas las miradas y demuestra una imaginación sin miedo.

Consejo Pro: *Sé audaz—la moda del futuro empieza en tu cuaderno de bocetos.*

Guía de práctica de moda y notas

El minimalismo es poderoso. Deja que tu diseño respire.

Cómo usar esta página:
- Crea un look usando solo 3 detalles principales.
- Enfócate en la forma y el espacio.
- Anota cómo se siente sin decoración extra.

Reflexión y Notas:
- ¿La simplicidad lo hace más fuerte?
- ¿Cuál es el elemento protagonista?
- ¿Qué podría eliminar o refinar?

Consejo Pro: *La simplicidad resalta tus habilidades de diseño—deja que las líneas hablen por ti.*

___
___
___
___
___
___
___
___
___

Inspiración de Atuendos: Streetwear

¡Accesorios que Destacan!

Los accesorios lo son todo en el streetwear—¡aportan actitud! Prueba con gorros, cadenas gruesas, gafas de sol grandes o mini bolsos cruzados.

Reto de dibujo: crea un atuendo sencillo y súbele el nivel con 2-3 accesorios llamativos. ¡Mira cómo cambia el look por completo!

Consejo Pro:
Los accesorios son la forma más fácil de probar tendencias sin rediseñar todo el conjunto.

109

Tendencias

Inspiración

Textiles

Notas

Detalles

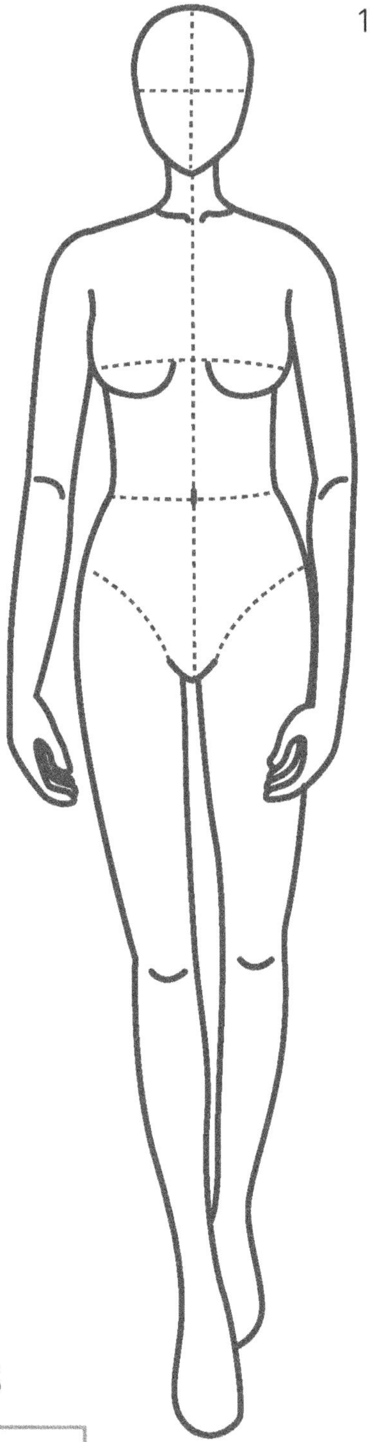

Muestras

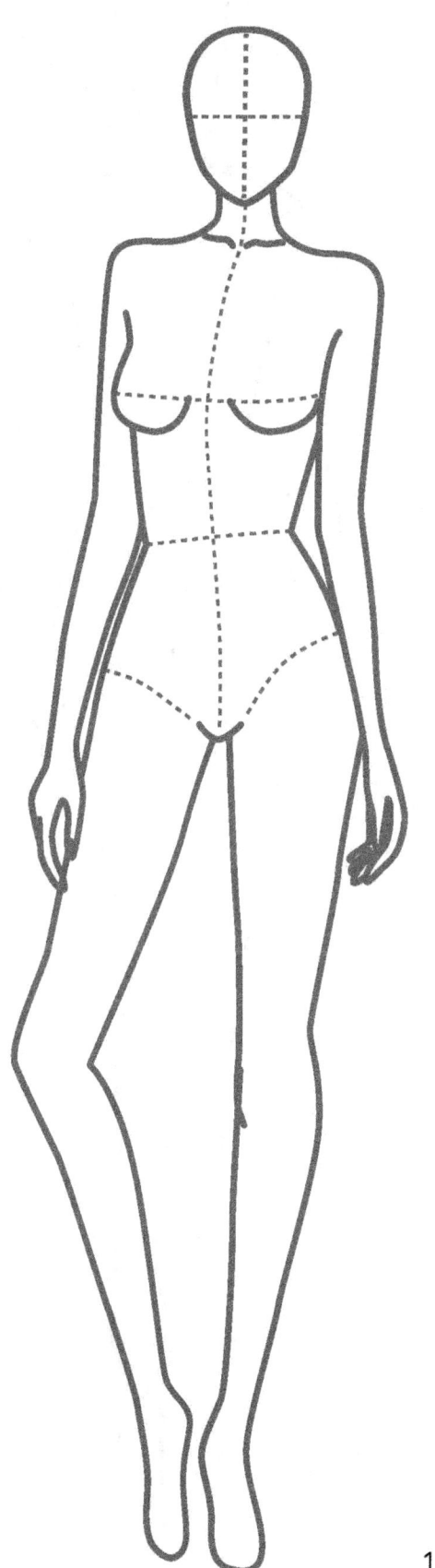

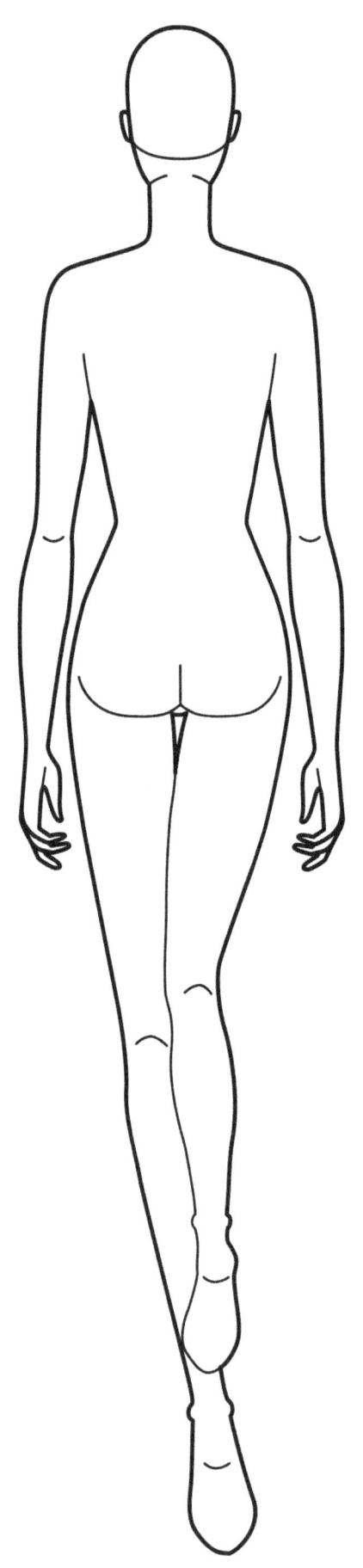
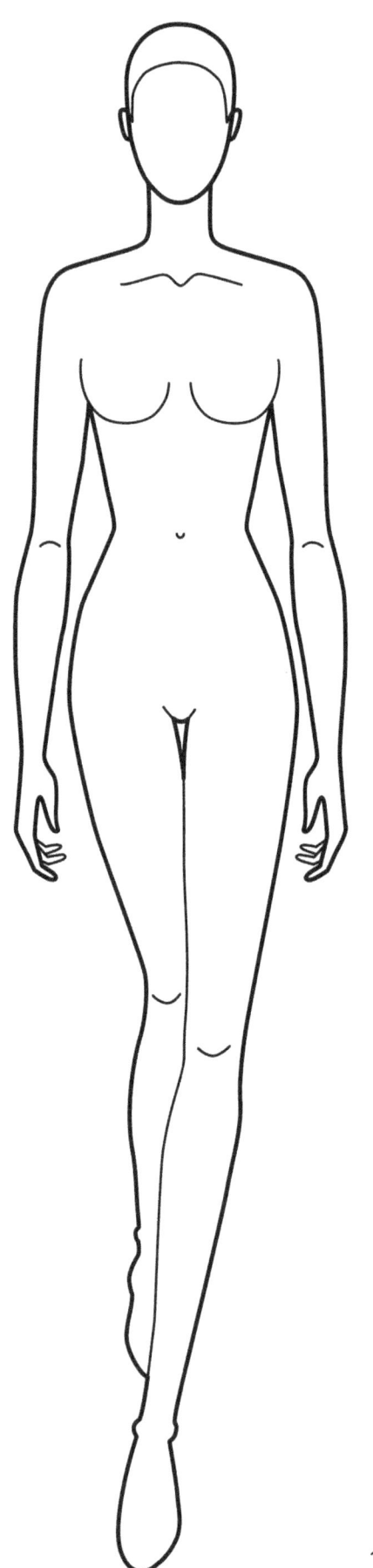

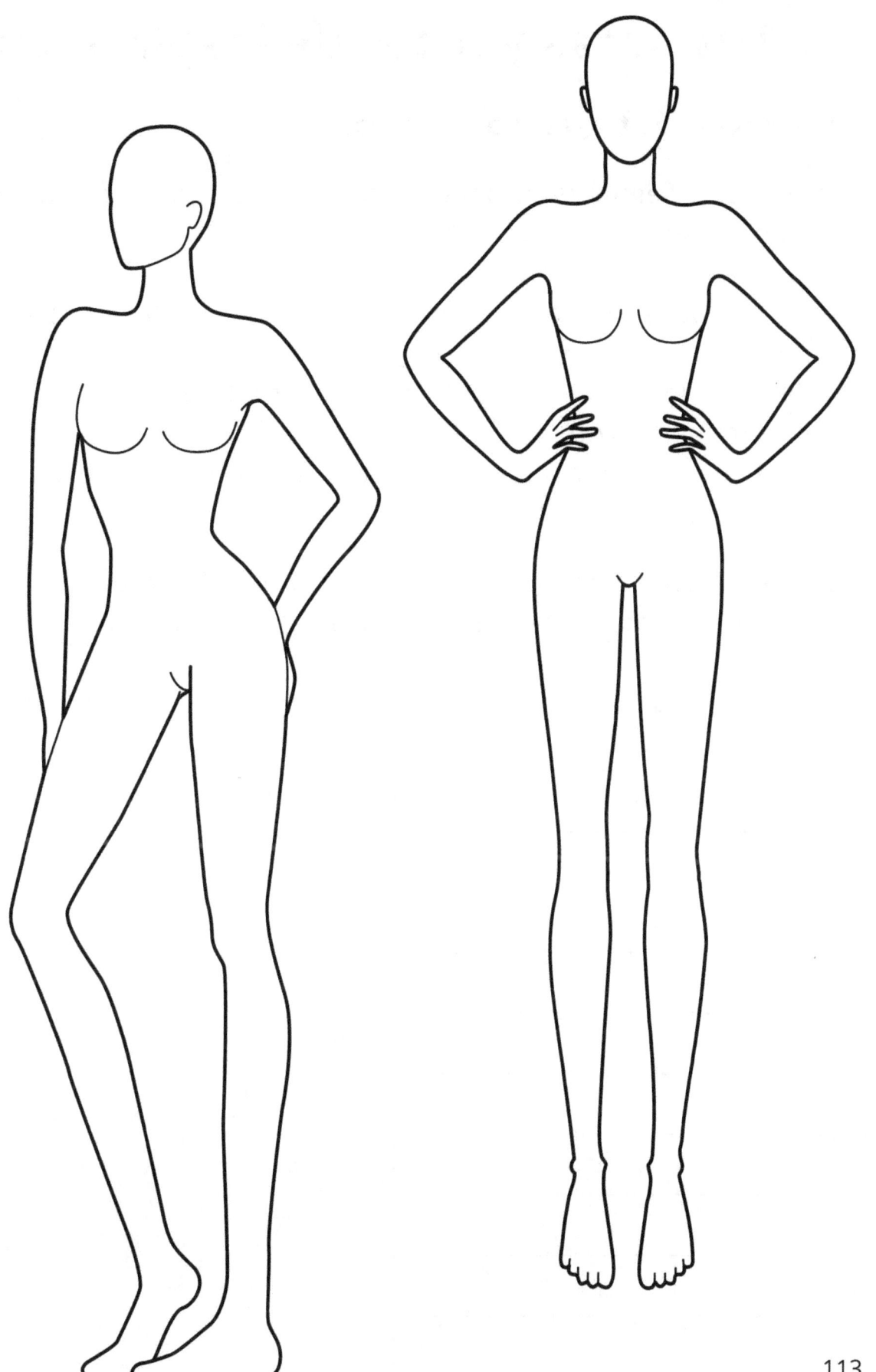

Tus notas y fotos de inspiración

Esta página es tu galería creativa!

Úsala para seguir tu progreso, capturar tus diseños favoritos y reflexionar sobre tu camino artístico.

- Añade bocetos, fotos o recortes que den vida a tus ideas de moda.
- Escribe detalles sobre colores, telas o elementos del conjunto que te inspiraron.
- Deja espacio para que tu "yo" del futuro vea cómo evoluciona tu estilo.

Consejo: *Una sola imagen o muestra puede inspirar toda una colección. Guarda incluso los pequeños detalles que te motiven.*

Inspiración de Atuendos: Capas Escolares & Glamour Clásico

Inspiración de Capas Escolares

Superponer no es solo para el invierno—añade profundidad y estilo. Prueba con un cuello alto bajo un vestido lencero o una camisa debajo de un mono. Agrega bufandas, cinturones o chaquetas ligeras para más variedad. Es práctico y con estilo.

Inspiración de Glamour Clásico

¡El glamour de alfombra roja nunca pasa de moda! Piensa en vestidos elegantes, tejidos de satén o drapeados sofisticados. Añade brillo con joyería destacada y una pose segura. Este estilo atemporal dice: "He llegado".

Consejo Pro:

Una buena combinación de capas hace que cualquier atuendo parezca salido de la pasarela.

Guía de práctica de moda y notas

¡Hora de celebrar tu progreso! Mira atrás y observa cuánto has crecido.

Cómo usar esta página:
- Dibuja un atuendo que muestre tu evolución.
- Escribe lo que has aprendido hasta ahora.
- Establece una nueva meta de moda para ti.

Reflexión y Notas:
- ¿De qué mejora me siento más orgulloso/a?
- ¿Qué habilidad quiero dominar después?
- ¿Cuál es mi siguiente paso creativo?

Consejo Pro: *El crecimiento es elegante—cada página demuestra que te estás convirtiendo en un/a diseñador/a más fuerte.*

_____

_____

_____

_____

_____

_____

_____

_____

Inspiración de Atuendos: Streetwear

Streetwear = Autoexpresión

¿La mejor parte del streetwear? Se trata totalmente de ti.

Mezcla estilos oversize, deportivos, femeninos o atrevidos para contar tu historia. No sigas las tendencias—créales tú.

Ejercicio de dibujo: diseña un atuendo que se sienta 100% como tu vibra. Usa tus colores, formas o influencias culturales favoritas. Añade tu propio logo o patrón.

Reflexión final: el streetwear no es solo moda—es confianza hecha tela.

Tendencias

Inspiración

Textiles

Notas

Detalles

Muestras

118

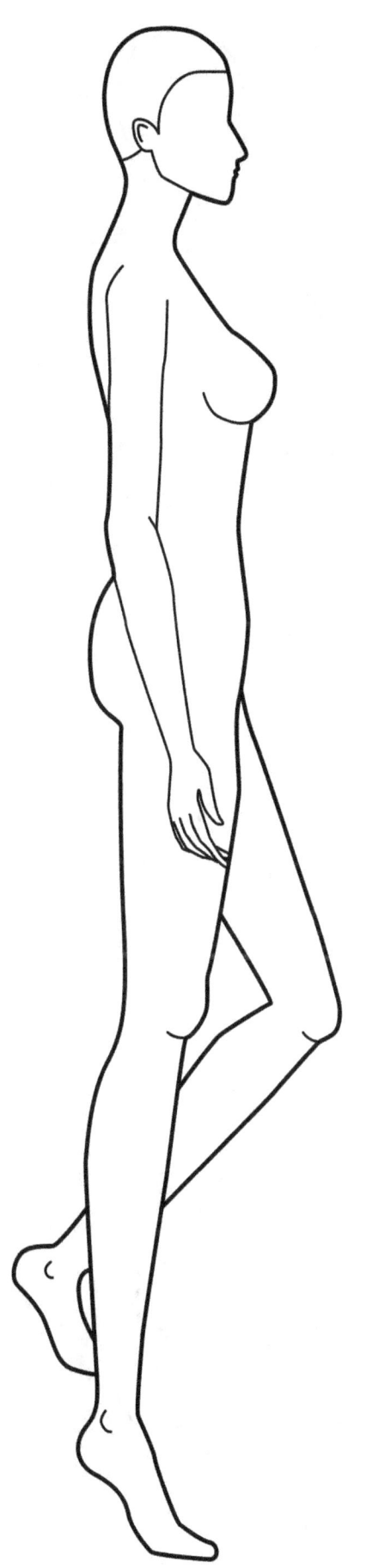
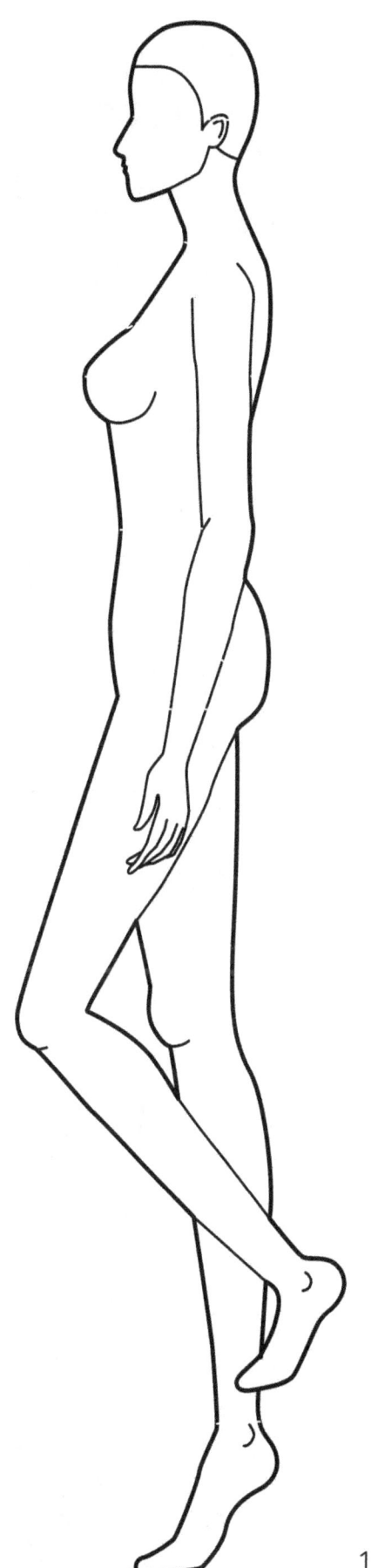

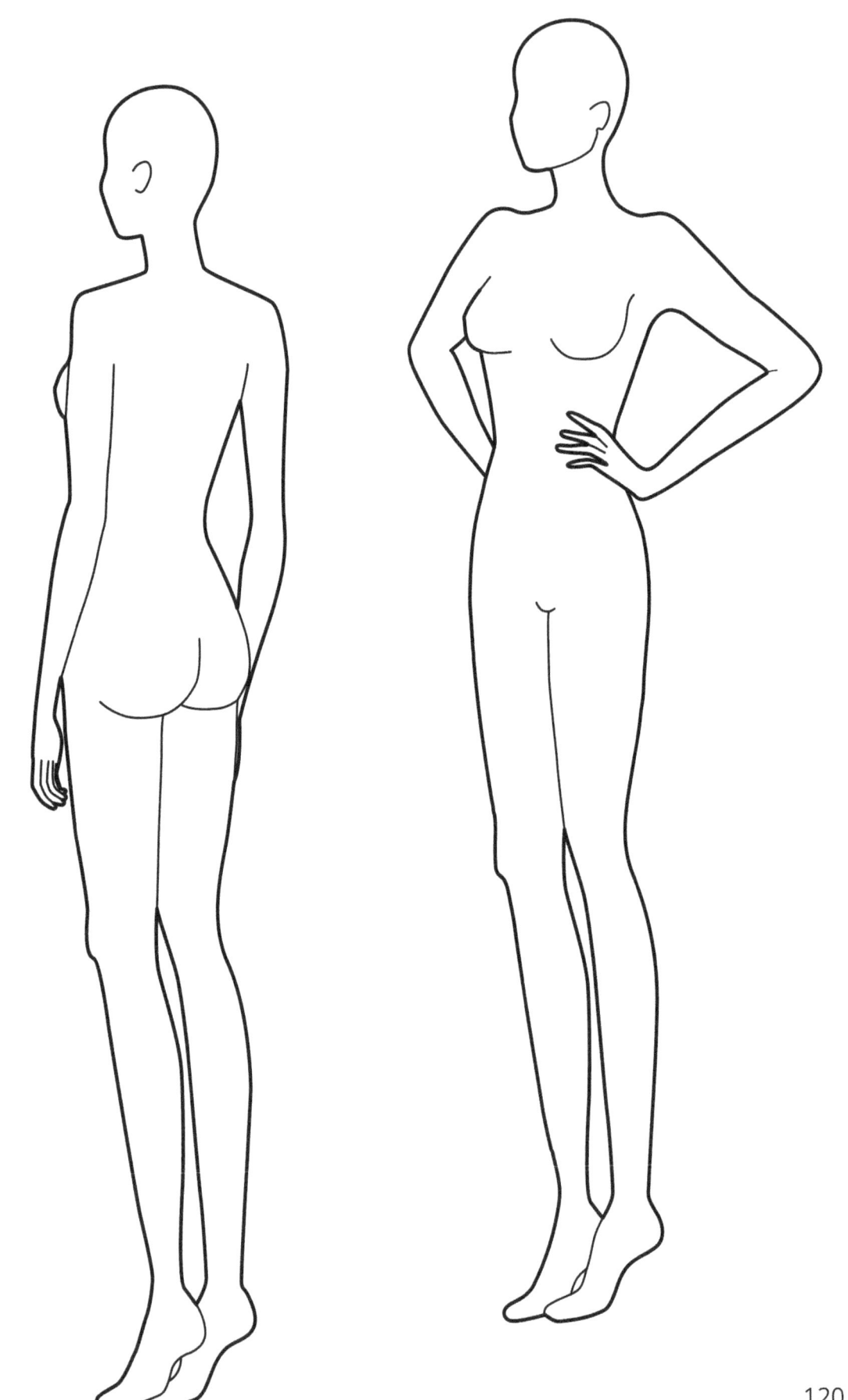

Tus notas y fotos de inspiración

Esta página es tu galería creativa!

Úsala para seguir tu progreso, capturar tus diseños favoritos y reflexionar sobre tu camino artístico.

- Añade bocetos, fotos o recortes que den vida a tus ideas de moda.
- Escribe detalles sobre colores, telas o elementos del conjunto que te inspiraron.
- Deja espacio para que tu "yo" del futuro vea cómo evoluciona tu estilo.

Consejo*: Una sola imagen o muestra puede inspirar toda una colección. Guarda incluso los pequeños detalles que te motiven.*

Inspiración de Atuendos:
Declaración Escolar Atrevida & Sueño Vanguardista

Inspiración de Declaración Escolar Atrevida

Causa una impresión segura con color. Prueba un traje brillante en rojo, azul o verde esmeralda, combinado con una camiseta simple y zapatillas o botas. Te verás audaz, creativa y lista para destacar.

Inspiración de Sueño Vanguardista

La moda vanguardista es arte para vestir. Piensa en formas dramáticas, capas y texturas inesperadas. Mangas grandes, cortes asimétricos o materiales poco comunes pueden convertir tu boceto en una obra maestra.

Consejo Pro: *Rompe los límites—la moda evoluciona cuando te atreves a arriesgar.*

Tendencias

Inspiración

Textiles

Notas

Detalles

Muestras

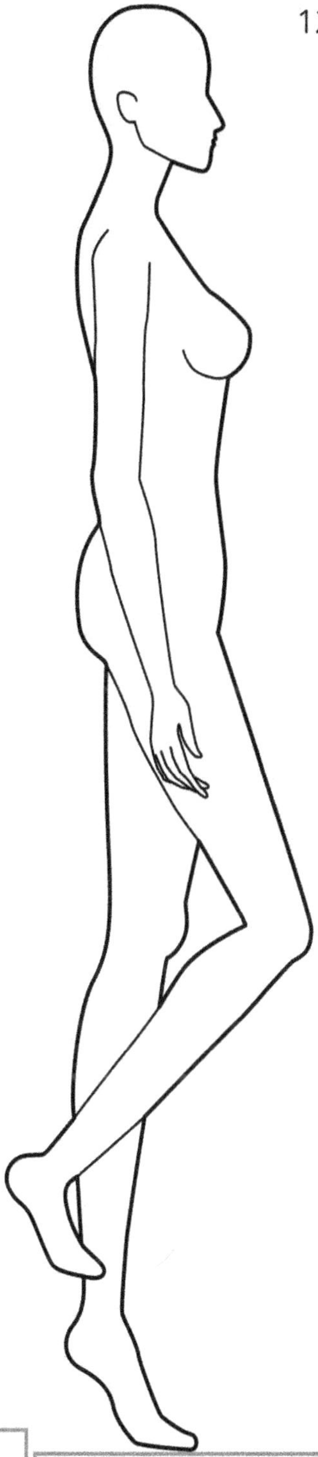

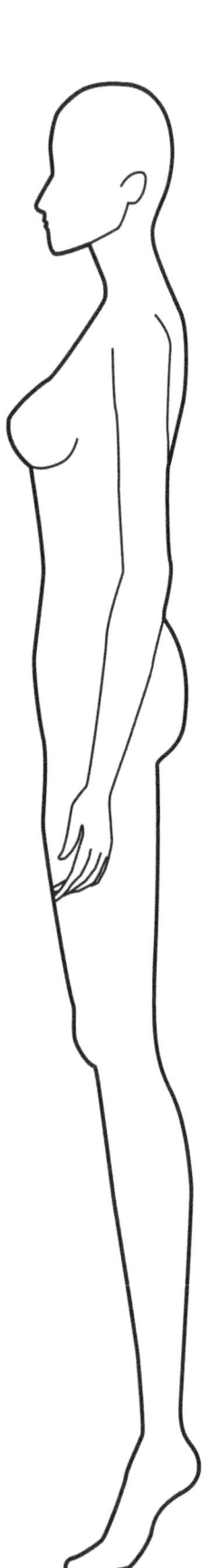
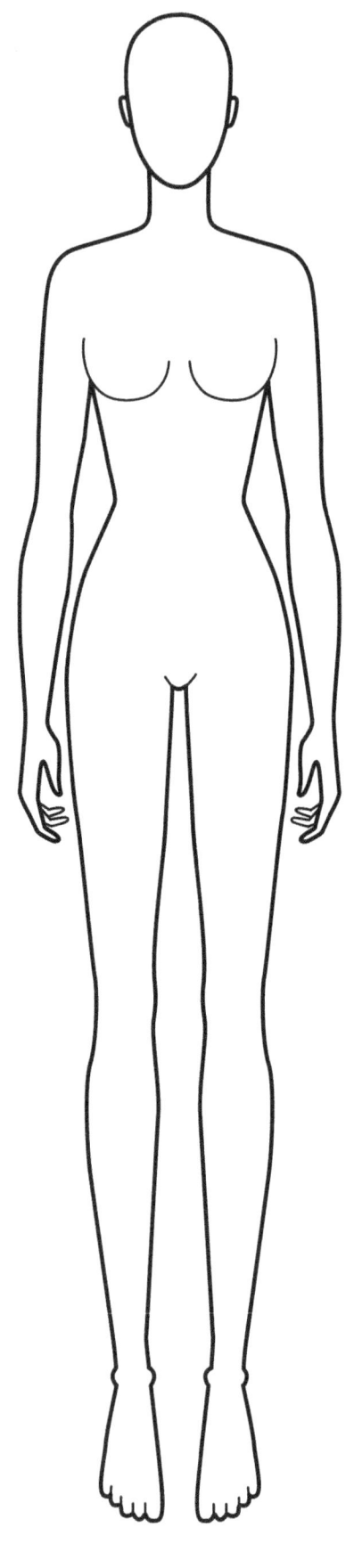

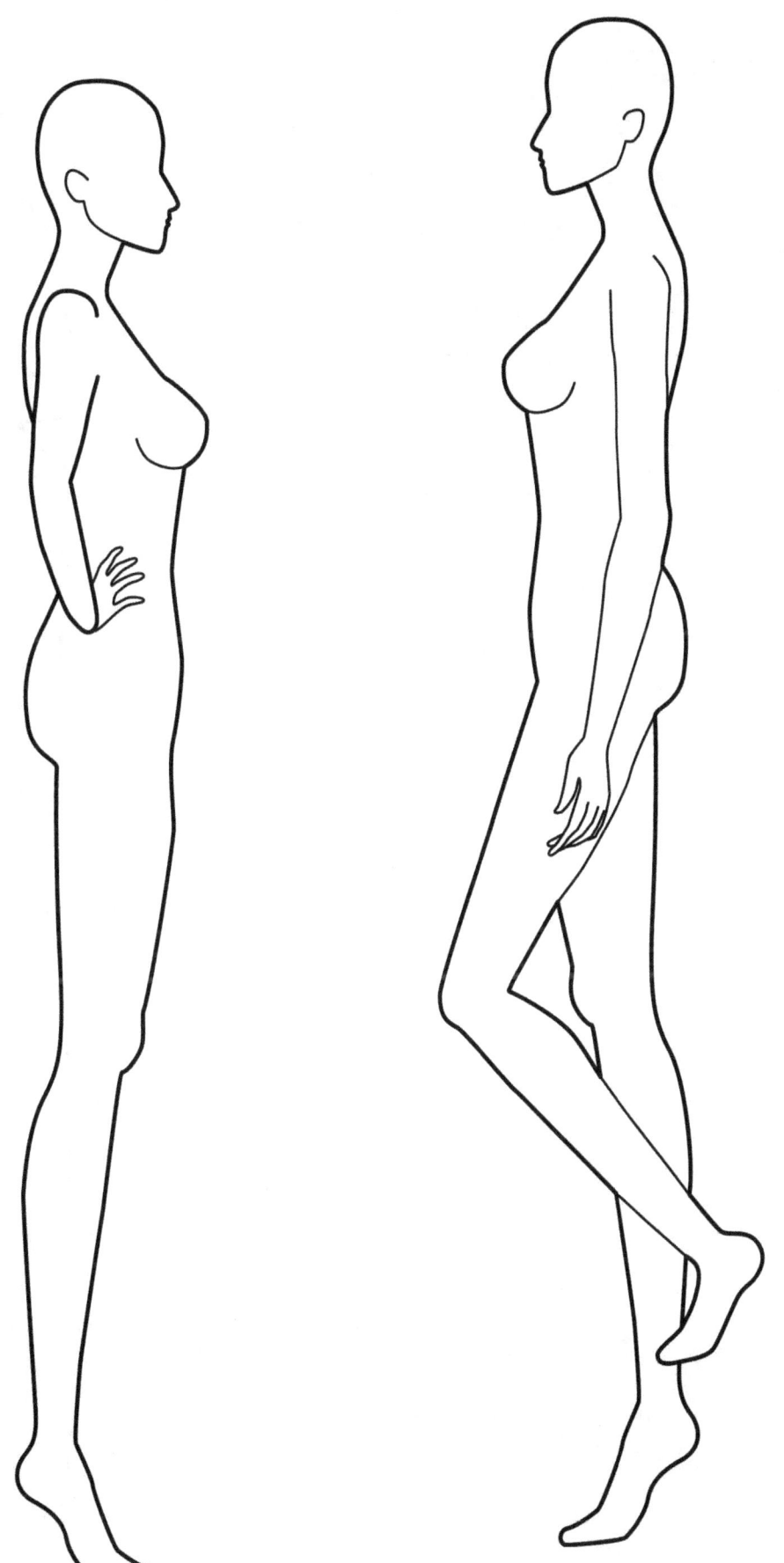

Tendencias

Inspiración

Textiles

Notas

Detalles

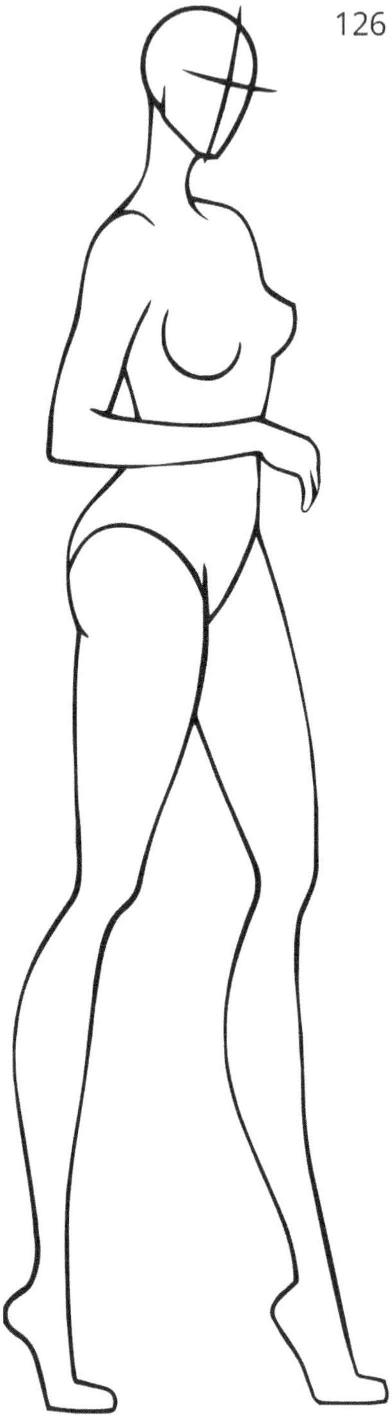

Muestras

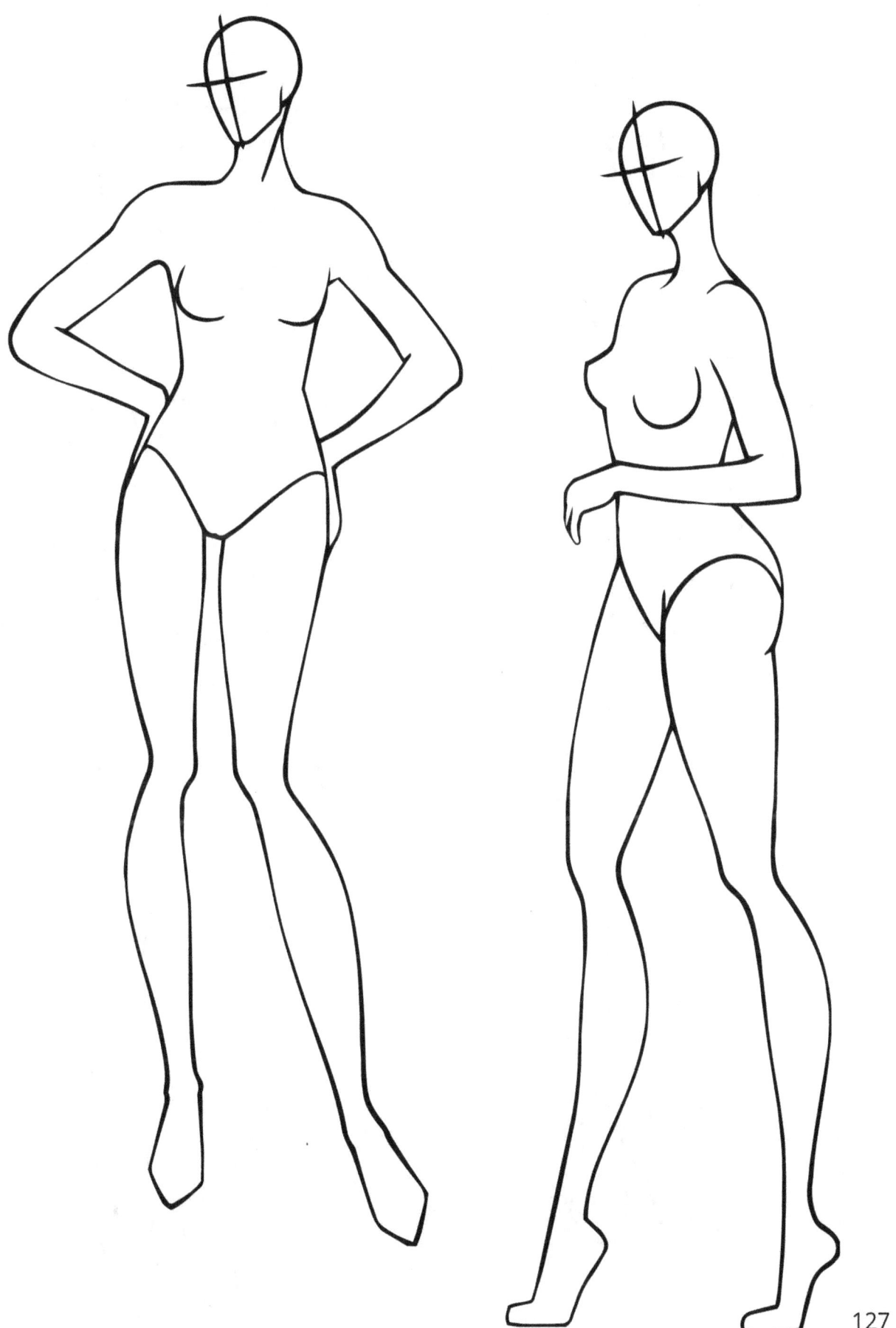

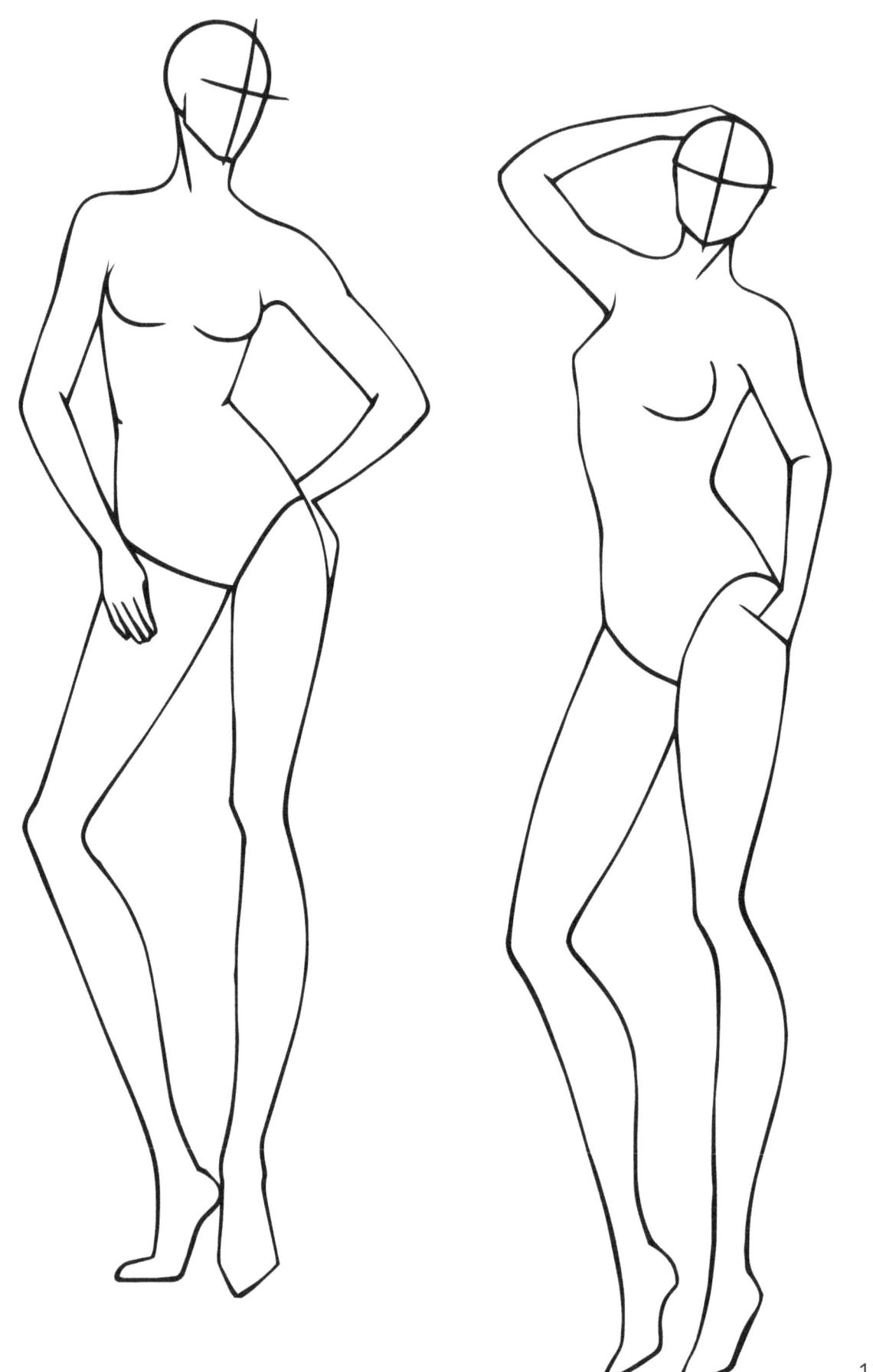

Tendencias

Inspiración

Textiles

Notas

Detalles

Muestras

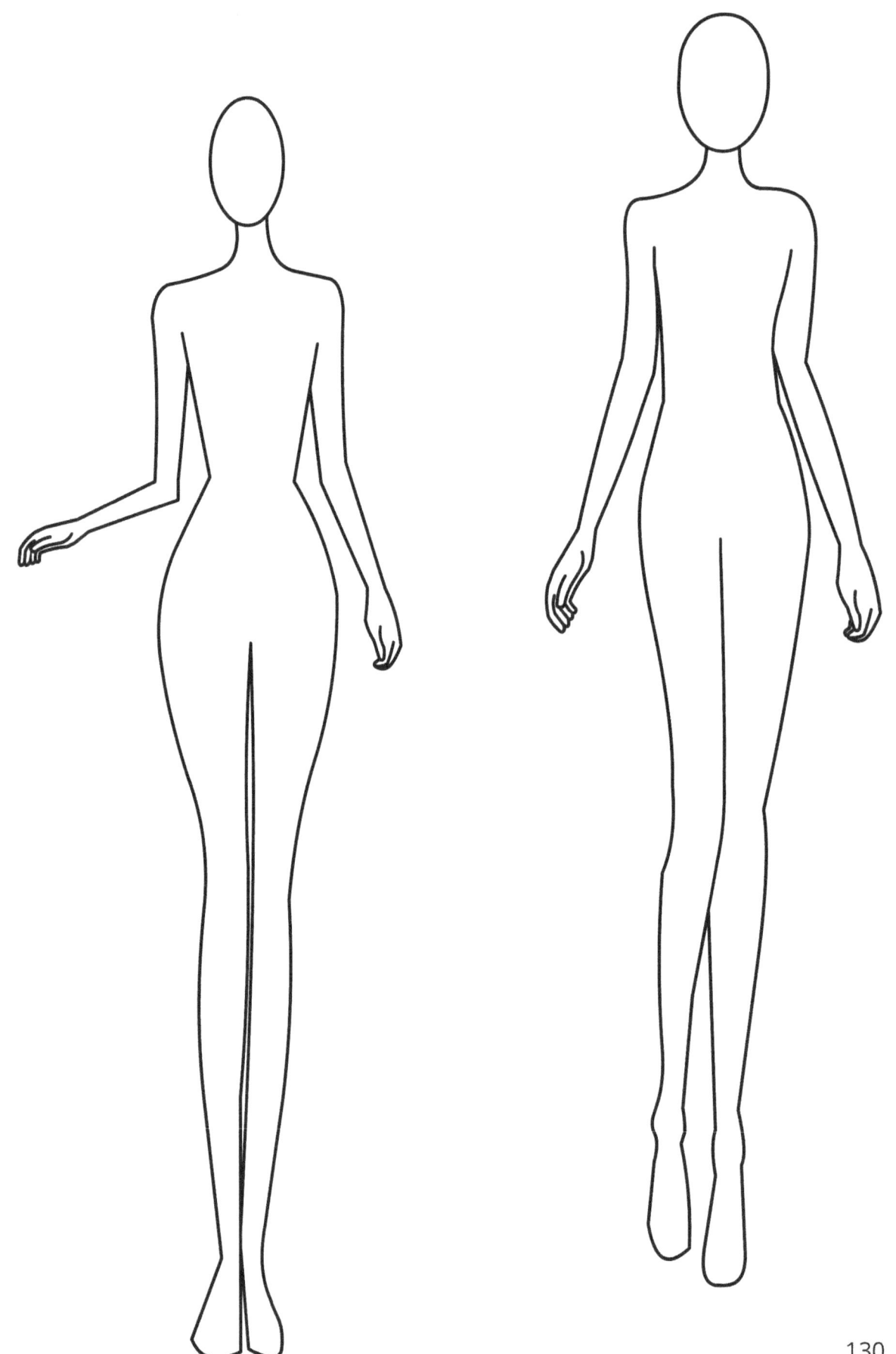

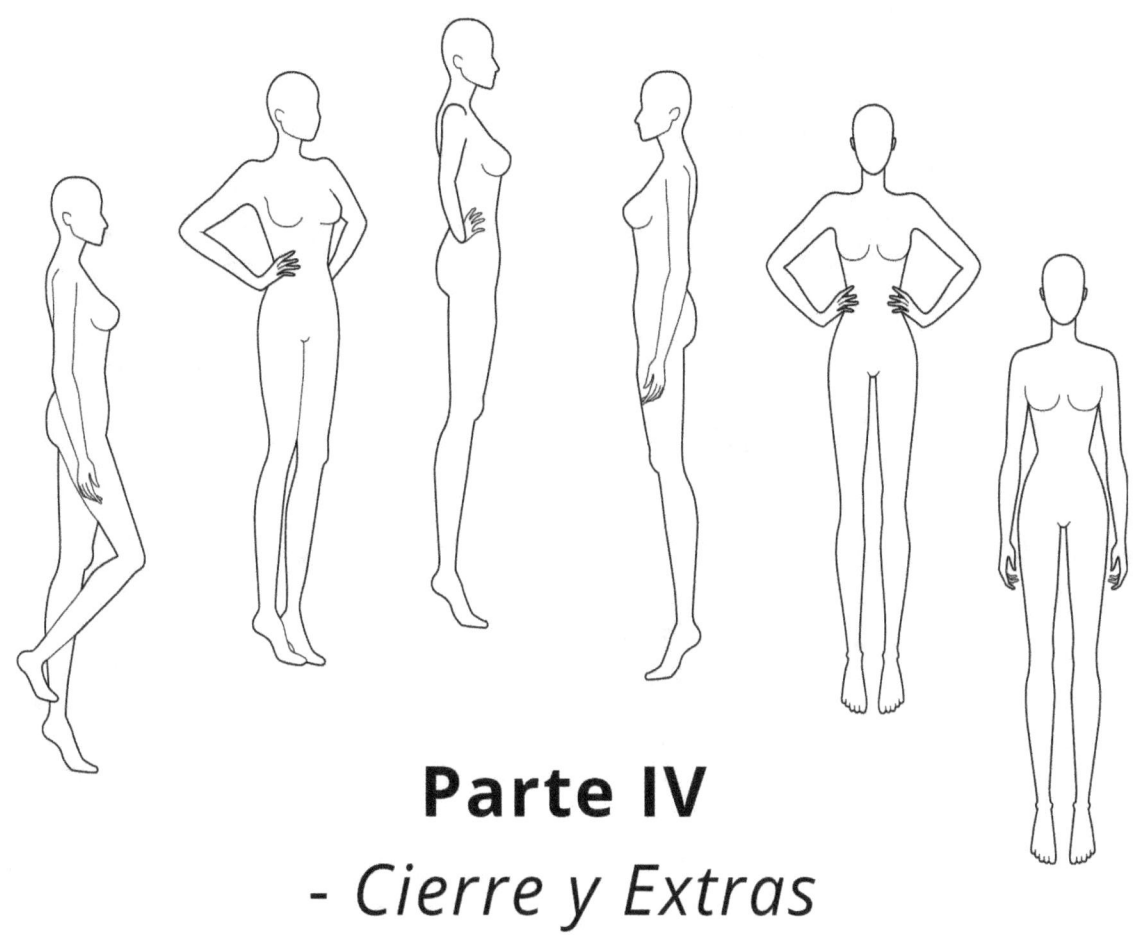

Parte IV
- Cierre y Extras

El Cierre Creativo

¡Bienvenida/o al capítulo final de tu viaje de moda!

Esta sección trata sobre reflexión, experimentación y celebrar todo lo que has logrado.

Aquí encontrarás retos creativos, ideas de diseño y espacios extra para seguir practicando y explorando tu estilo único.

Recuerda: la creatividad no tiene línea de meta.

Cada página completada demuestra que tu imaginación no tiene límites.

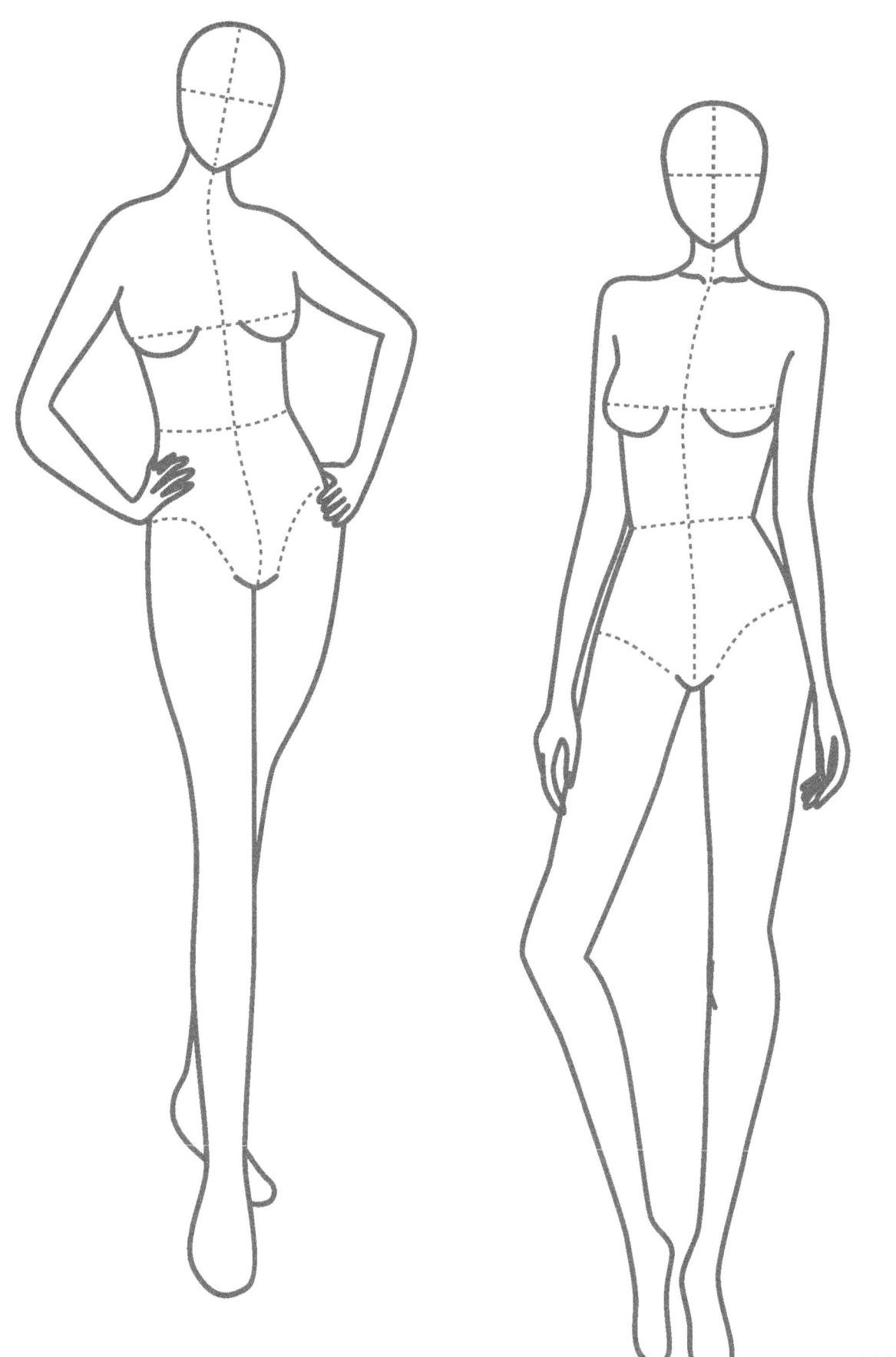

Rediseña una Silueta Clásica

Toma una prenda atemporal—como una chaqueta vaquera, un trench o un vestido en línea A—y reinvéntala a tu manera.

Piensa cómo el color, el tejido y los detalles pueden darle un aire nuevo y emocionante. Prueba recortes, asimetrías o costuras decorativas.

Preguntas guía:
- ¿Qué prenda clásica elegiste?
- ¿Qué toque moderno añadiste?
- Describe tu rediseño en una palabra.

Consejo Pro: *Incluso las leyendas pueden renovarse. Clásico + Creatividad = Estilo eterno.*

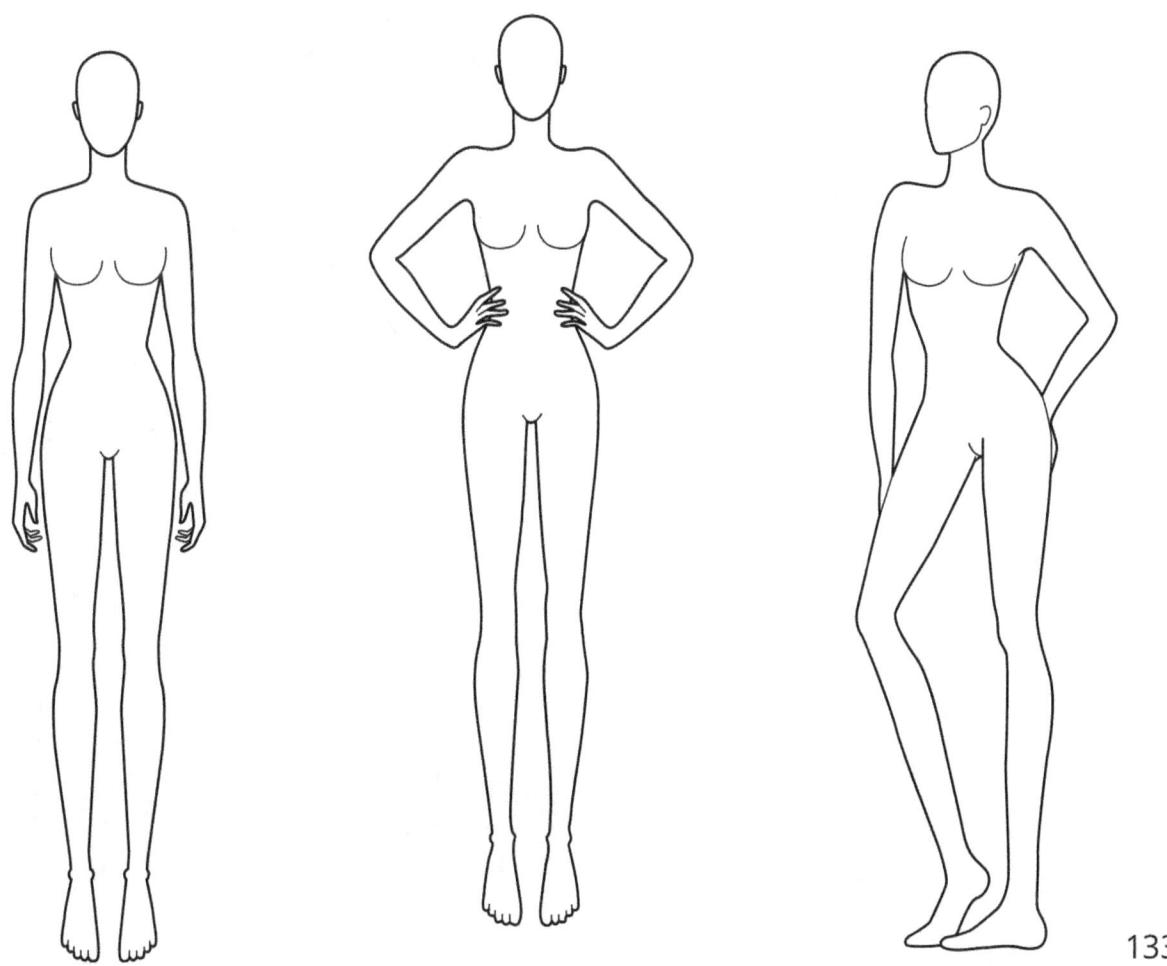

Desafío Mini Cápsula

Diseña un armario cápsula de 5 piezas que quepa en tu taquilla, pero que muestre tu personalidad.

Elige tops, pantalones y prendas exteriores que se combinen entre sí para crear distintos looks.

Preguntas guía:
- ¿Cuál es el tema de tu cápsula? (ej. calle relajada, pastel suave, toque artístico)
- ¿Qué colores o tejidos destacan?
- ¿Cómo se combinan las piezas?

Consejo Pro: *Cuando cada prenda combina con las demás... has creado magia.*

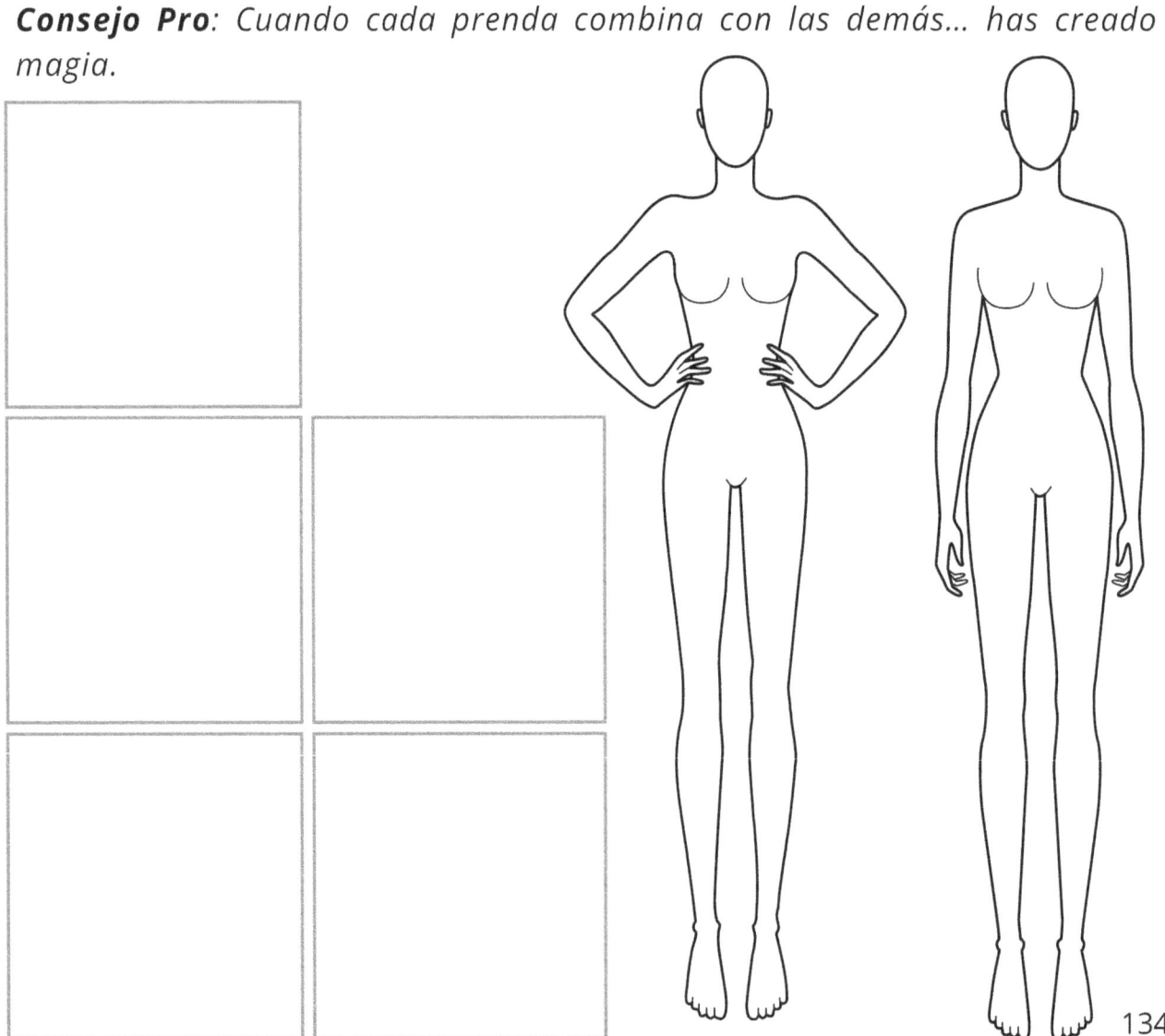

Inspiración Estacional

Elige una estación—primavera, verano, otoño o invierno—y diseña un atuendo inspirado en su energía. Ve más allá de lo típico: el invierno puede ser rosa y brillante, y el verano suave y terroso.

Deja que la sensación de la estación guíe tu diseño.

Preguntas guía:
- ¿Qué estación te inspiró?
- ¿Qué colores o texturas reflejan su ambiente?
- ¿Cómo es tu versión diferente de los looks típicos de esa estación?

Consejo Pro: *Sorprende a todos—las estaciones de la moda son lo que tú hagas de ellas.*

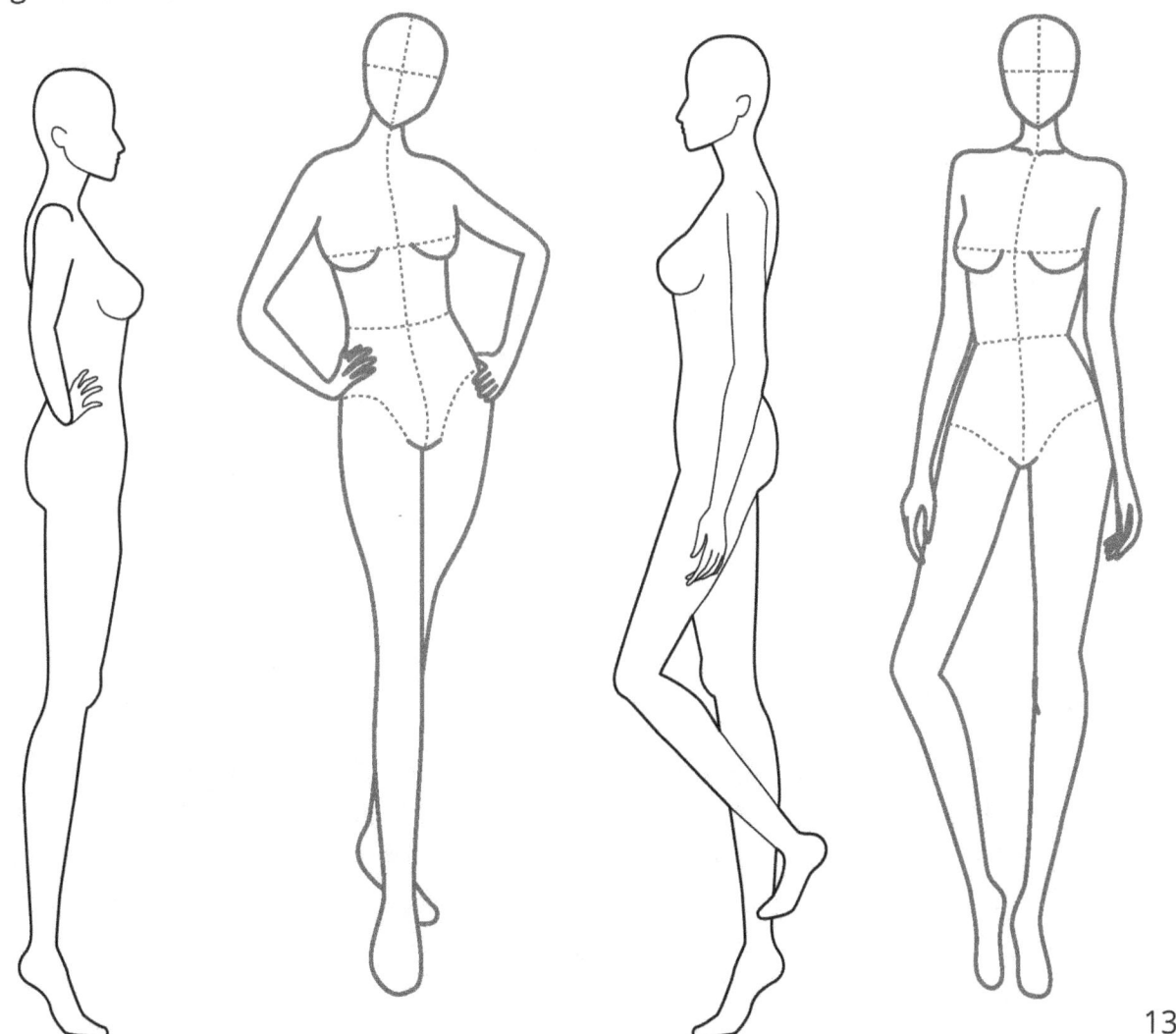

Desafío: Reinventa una Camiseta

Toma algo básico—una camiseta lisa—y conviértelo en algo atrevido.

Cambia las mangas, recórtala, añade gráficos, mezcla tejidos o transfórmala en un vestido o sudadera. Conserva la forma original, pero hazla inolvidable.

Preguntas guía:
- ¿Cuál es el estilo de tu nueva camiseta?
- ¿Qué detalle cambiaste más?
- ¿Dónde la usaría alguien?

Consejo Pro: *Las piezas simples = infinitas posibilidades.*

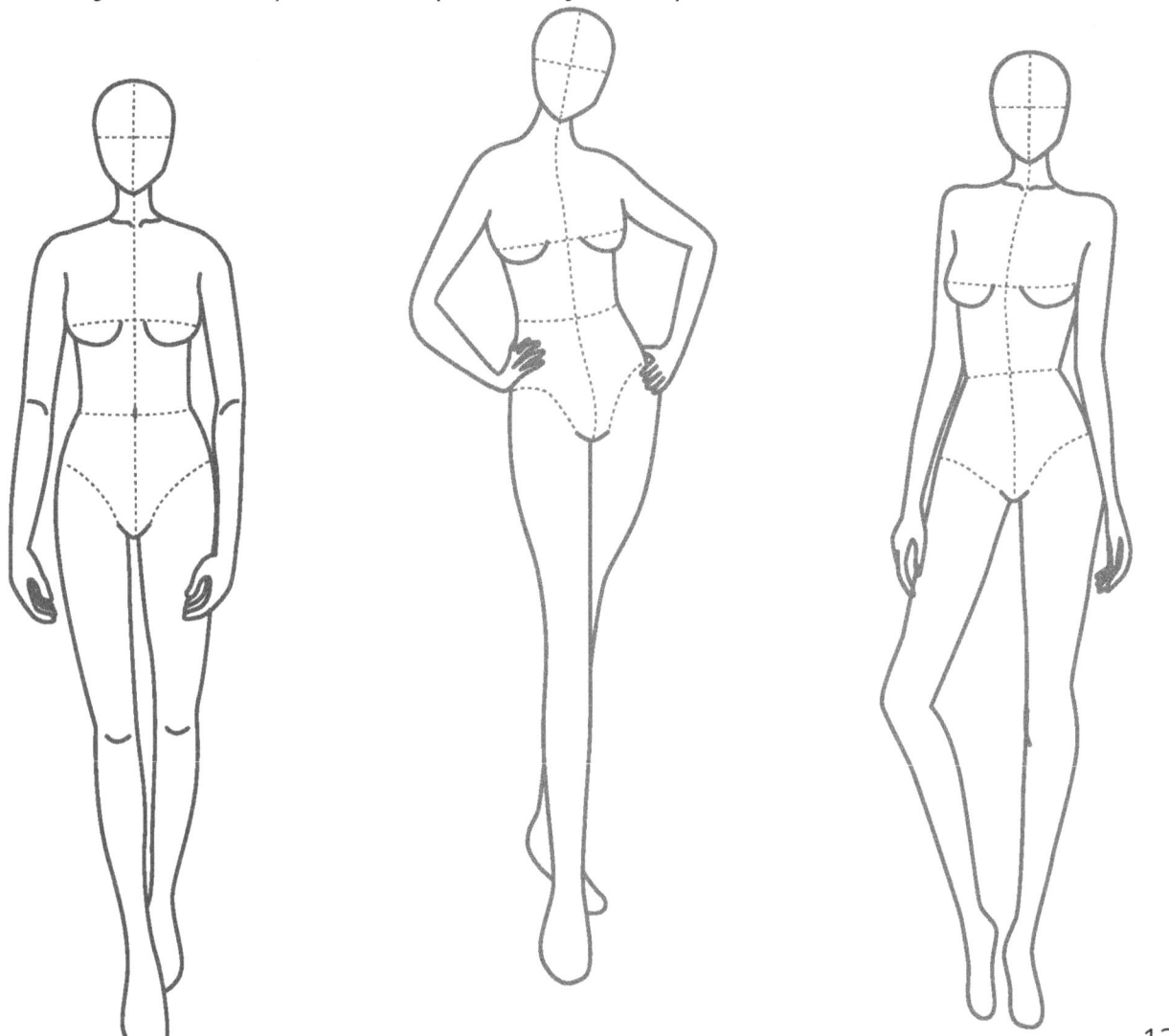

Combina y Mezcla Opuestos

Une dos estilos completamente distintos—como deportivo + romántico, vintage + tecnológico o callejero + glamuroso—y haz que funcionen juntos.

Este ejercicio te enseña a mezclar ideas inesperadas con confianza.

Preguntas guía:
- ¿Qué dos estilos combinaste?
- ¿Qué detalle los conecta?
- ¿Tu look se inclina más hacia uno o está equilibrado?

Consejo Pro: *El contraste es donde vive la creatividad.*

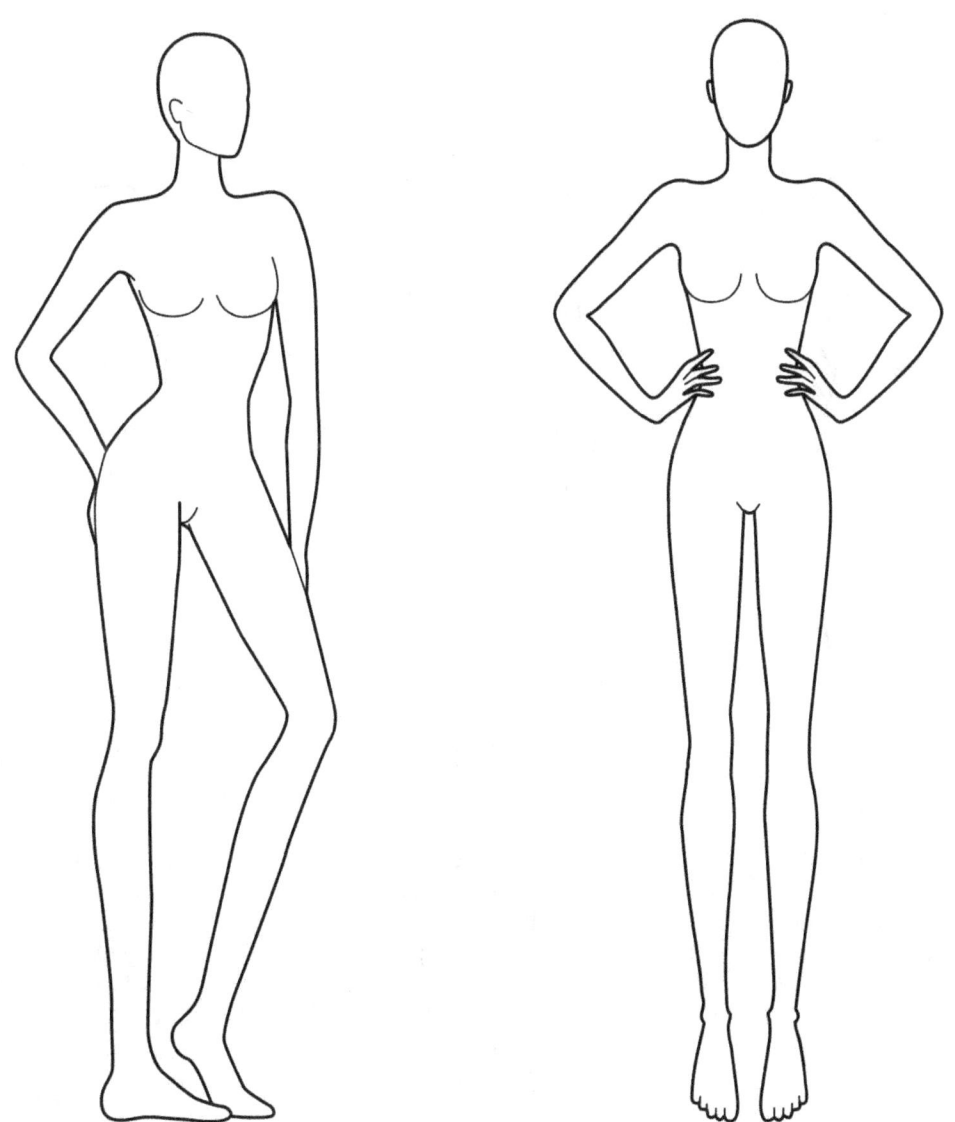

Foco en los Accesorios

¡Esta vez, los accesorios son los protagonistas!

Sombreros, bolsos, zapatos, joyas... elige tus favoritos y construye el atuendo alrededor de ellos. Mantén la ropa simple para que los accesorios destaquen.

Preguntas guía:
- ¿Qué accesorio es la estrella?
- ¿Cómo apoya tu atuendo ese elemento?
- ¿Funcionaría sin él?

Consejo Pro: *Los accesorios transforman un "buen look" en "wow, eso es muy tú".*

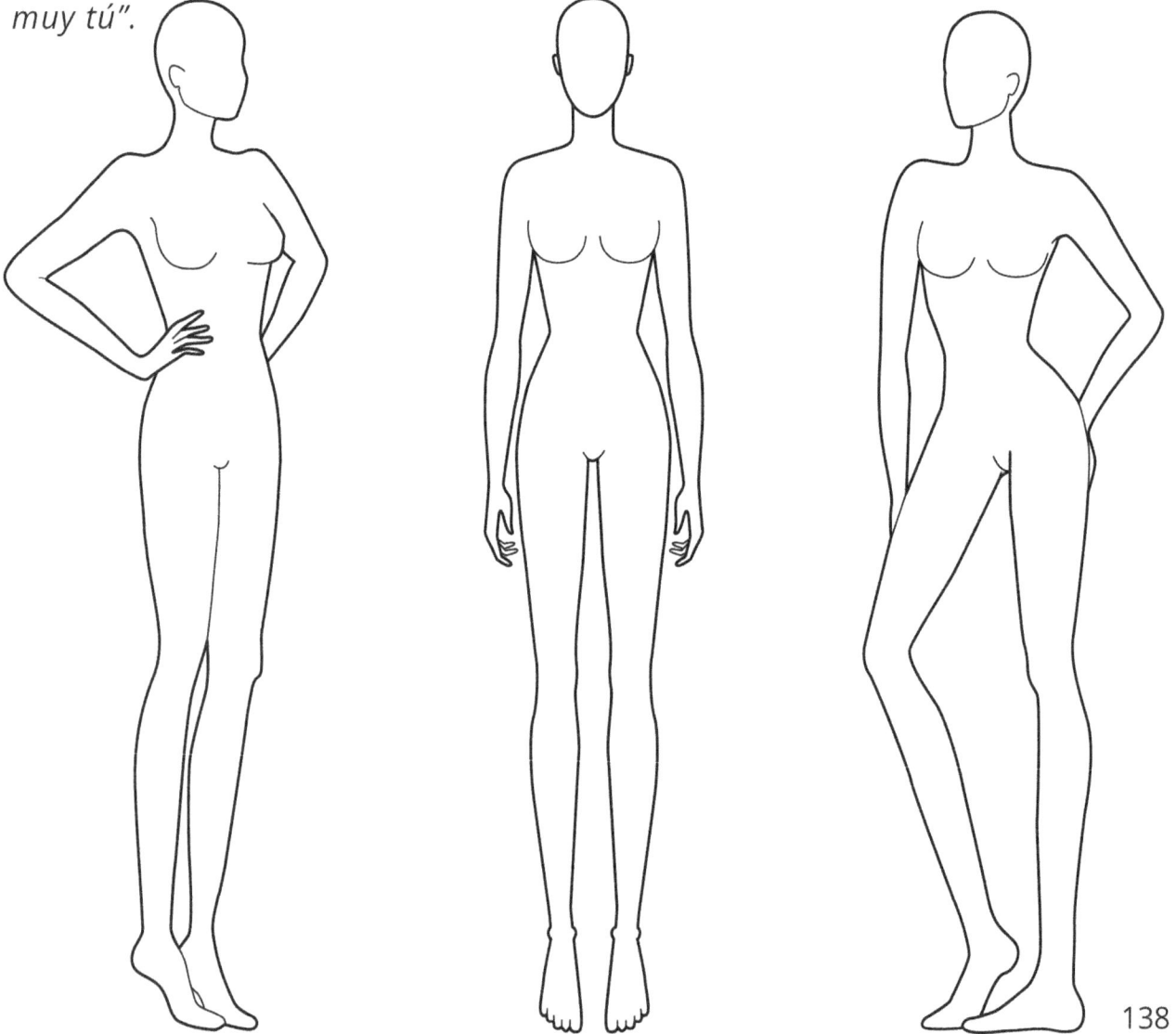

La Moda a Través del Tiempo

Viaja por la historia de la moda y reinterpreta estilos.

Quizás el grunge de los 90 con brillo Y2K, o los pantalones acampanados de los 70 con toques urbanos modernos. Toma algo icónico y hazlo actual.

Preguntas guía:
- ¿Qué década te inspiró?
- ¿Qué toque moderno añadiste?
- ¿Cómo se conecta con las tendencias de ahora?

Consejo Pro: *La moda siempre vuelve—sé quien la reinvente.*

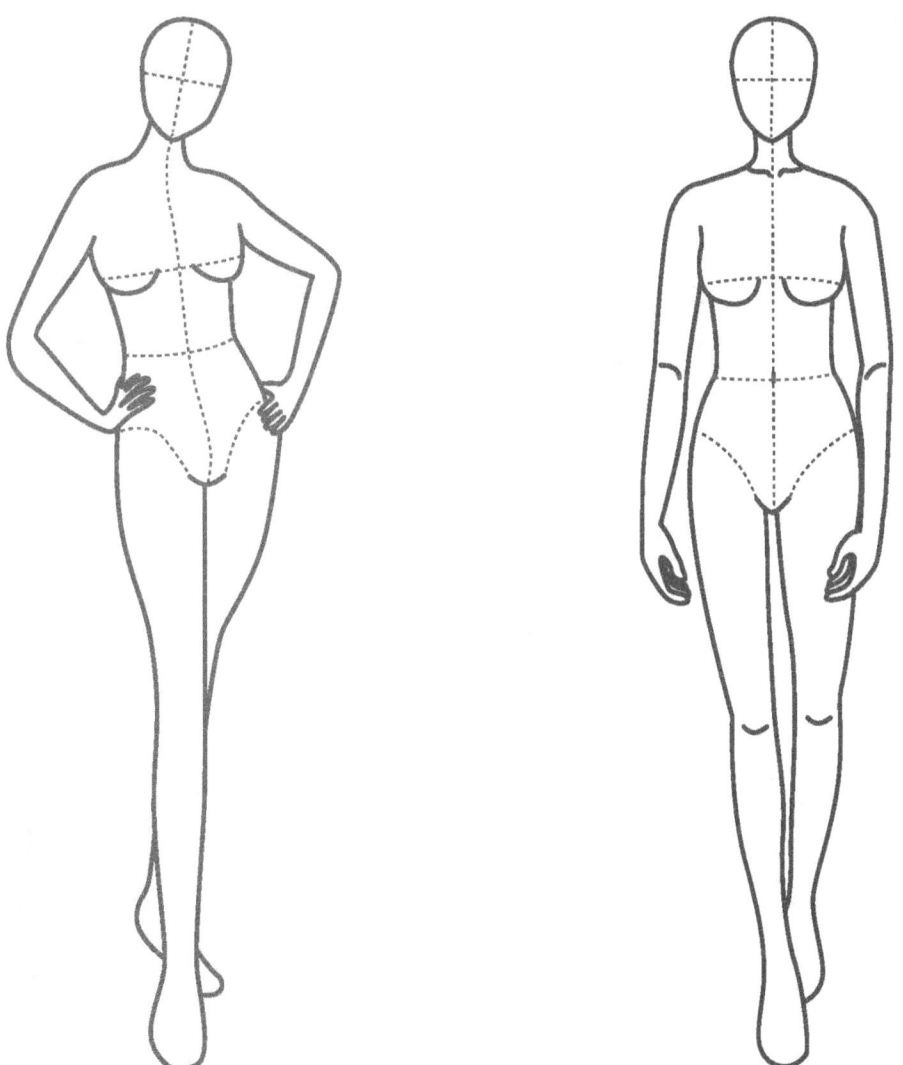

De Moodboard a Atuendo

Reúne imágenes, colores y texturas que te inspiren, y diseña un atuendo que refleje esa vibra. Pega o dibuja tu mini moodboard primero, luego crea tu boceto al lado.

Preguntas guía:
- ¿Cuál es el tema de tu moodboard?
- ¿Qué detalles pasaron a tu diseño?
- ¿Tu atuendo refleja bien tu tablero?

Consejo Pro:
Una visión clara hace que dibujar sea mucho más fácil.

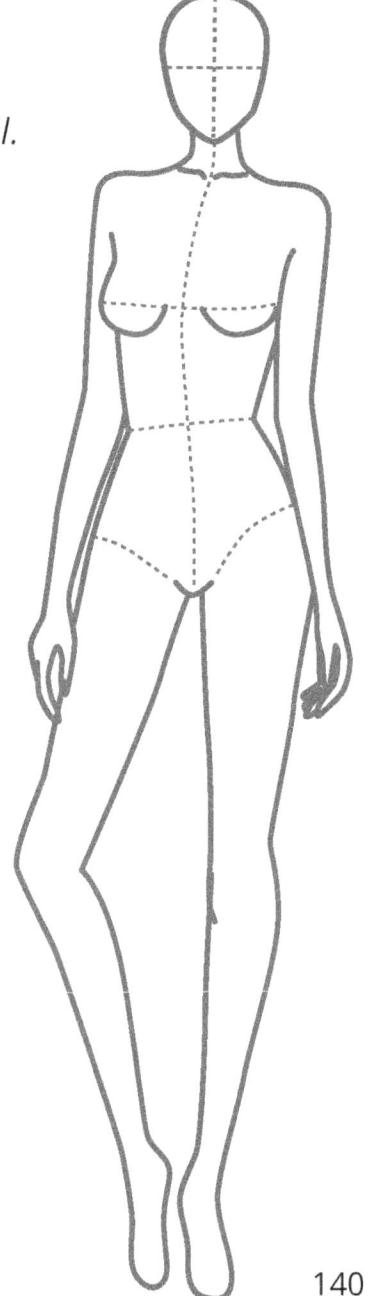

Lista de Verificación
para Diseñadores Jóvenes

¡Todo lo que necesitas para tus sesiones creativas! Márcalo mientras construyes tu kit de herramientas.

Esenciales de Dibujo
- Cuadernos de bocetos y papel ....
- Plantillas de figuras de moda ....
- Lápices (HB, 2B, 4B) ....
- Rotuladores finos / Plumas de tinta ....
- Gomas y sacapuntas ....
- Regla / Curvas francesas ....

Zona de Color
- Lápices o rotuladores de colores ....
- Acuarelas o témperas ....
- Muestras de telas / Texturas ....

Herramientas Creativas
- Tijeras / Pegamento / Cinta ....
- Cinta métrica / Alfileres ....
- Carpeta o mini portafolio ....

Extras Digitales (Opcional)
- Tableta + Lápiz digital ....
- Apps de dibujo o software de diseño de moda ....

Fuentes de Inspiración
- Catálogos de telas / Revistas ....
- Materiales para moodboards / Clips de Pinterest ....

Consejo Pro: *tus herramientas son tus superpoderes—¡tenlas siempre listas!*

Mis Telas y Marcas Favoritas
– Notas y Muestras

¡Anota las texturas y materiales que más te gustan!

Agrega trozos de tela, pega muestras o fotos de tus marcas favoritas.

- Mis 3 telas favoritas: ....
- Telas que quiero probar: ....
- Tiendas / Marcas preferidas: ....
- Tela que refleja mi estilo: ....
- Material soñado para diseñar: ....

Consejo Pro: *tus elecciones de tela cuentan tu historia como diseñador/a.*

_____
_____
_____
_____
_____
_____
_____
_____
_____
_____

Mi Diario Personal de Moda

 Has llegado a la última sección... pero en realidad es tu comienzo como diseñador/a adolescente.

 Usa esta página para plasmar tus ideas creativas y lo que has aprendido.

- Lo que he aprendido hasta ahora: ....
- Mis diseños favoritos: ....
- El estilo que más me representa: ....
- Mis próximos objetivos como diseñador/a: ....

Cada boceto es un paso hacia adelante—sigue dibujando, explorando y creciendo.

_____
_____
_____
_____
_____
_____
_____
_____
_____
_____
_____

¡Felicidades!
¡Lo Lograste!

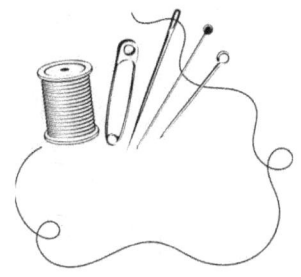

¡Felicidades, diseñador/a!

Llegaste a la última sección—¡increíble trabajo! Cada página que completaste te ayudó a desarrollar tu creatividad, estilo y confianza.

La moda no es solo ropa; es autoexpresión.

A través de cada boceto, has construido un lenguaje visual único y totalmente tuyo.

Recuerda:
- Crecimiento = Práctica + Pasión
- Tu estilo es tu superpoder
- Nunca dejes de crear

¡Queremos saber de ti!

Si este libro te inspiró, comparte tus comentarios o etiqueta tus diseños en línea para que otros se unan al viaje.

Consejo Pro:
el mundo necesita
tu visión—¡sigue mostrándola!

¡Gracias!
(mensaje final)

¡Gracias por Estar Aquí!

Esperamos que este cuaderno de moda para adolescentes te haya inspirado a diseñar, explorar y soñar en grande.

¡Tu creatividad significa mucho para nosotros!

Si quieres compartir ideas, pensamientos o sugerencias, nos encantaría saber de ti:

 nikyjadesson@gmail.com

También puedes encontrar más cuadernos creativos buscando Niky Jadesson Books en línea.

*Sigue dibujando,
sigue aprendiendo y
¡sigue brillando con luz propia!*

Niky Jadesson

¡Gracias por Elegir Este Libro!

  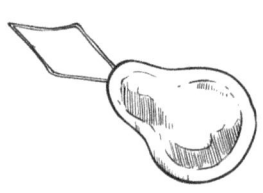 

Estamos muy orgullosos de la imaginación y el esfuerzo que has puesto en tus diseños.

Si este libro te ayudó a mejorar tus habilidades, dejar una breve reseña puede ayudar a que otros lo descubran también.

¿Quieres más?

Busca **Niky Jadesson Books** para encontrar más versiones creativas y temas de diseño.

Recuerda:
- Sigue dibujando
- Sigue diseñando
- Sigue creando

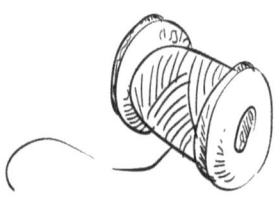 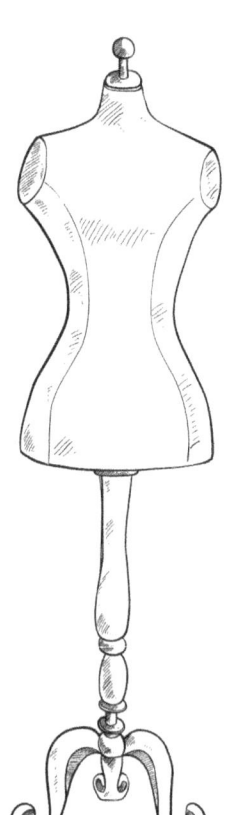

Sobre la Autora

Niky Jadesson es autora y diseñadora que cree que aprender siempre debe ser creativo y divertido.

Sus libros ayudan a jóvenes artistas y soñadores a explorar la moda, el arte y la autoexpresión con confianza.

Encuentra inspiración en los paseos por la naturaleza, los momentos de café y la curiosidad infinita que nace al dibujar nuevas ideas.

Su misión: inspirar a la próxima generación de creadores—una página a la vez.

Descubre más buscando

Mini Glosario de Términos de Moda (para Adolescentes)

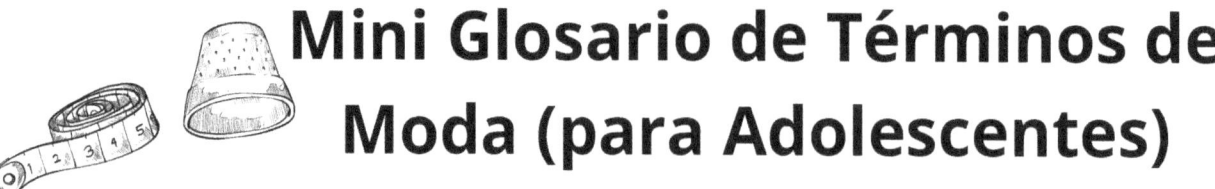

- **Silueta** – La forma general de un diseño.
- **Patrón** – Plantilla usada para cortar piezas de tela.
- **Caída (Drape)** – Cómo se mueve o cae un tejido.
- **Costura (Seam)** – Línea donde se unen dos telas.
- **Dobladillo (Hemline)** – Borde inferior de una prenda.
- **Cuerpo (Bodice)** – Parte superior del vestido o blusa.
- **Pliegue (Pleat)** – Doble que da forma o movimiento.
- **Textil** – Cualquier tejido trenzado o de punto.
- **Fibra (Fiber)** – Material base del tejido (algodón, seda, etc.).
- **Superposición (Layering)** – Combinar varias prendas.
- **Moodboard** – Collage visual para inspirar diseños.
- **Tendencia (Trend)** – Estilo o color popular del momento.
- **Moda Sostenible** – Diseño que respeta al planeta.
- **Moda Rápida (Fast Fashion)** – Ropa moderna hecha rápidamente.
- **Alta Costura (Haute Couture)** – Diseños únicos, hechos a mano y de lujo.
- **Armario Cápsula** – Pocas piezas que combinan entre sí perfectamente.
- **Colección** – Grupo de diseños coordinados de un mismo creador.

Consejo Pro: *aprender el lenguaje de la moda te ayuda a diseñar como un/a profesional.*

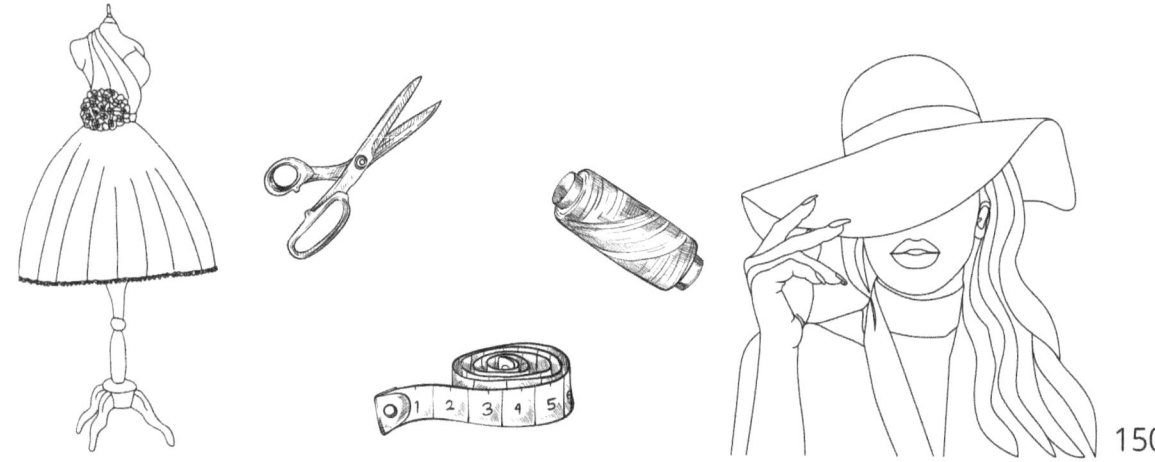

Certificado de Finalización

CUADERNO DE DISEÑO DE MODA – EDICIÓN JUVENIL

by Niky Jadesson Books

Esto certifica que

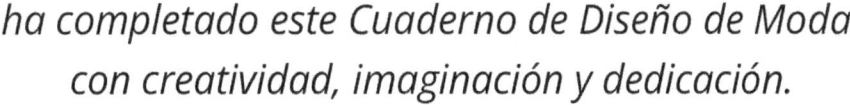
_____

ha completado este Cuaderno de Diseño de Moda
con creatividad, imaginación y dedicación.

Has explorado tendencias, practicado dibujo de figuras,
experimentado con texturas y desarrollado tu propia voz en la moda.

Cada boceto que hiciste es un paso hacia tu futuro artístico.
Siéntete orgulloso/a. Inspírate. ¡Sigue creando!

Firma: _____
(Tu firma)

Fecha: _____

Consejo Pro: esto no es el final—¡es tu nuevo comienzo!
El mundo está listo para tus diseños.

www.ingramcontent.com/pod-product-compliance
Lightning Source LLC
Chambersburg PA
CBHW081359070526
44583CB00020B/2603